Schöningh

DEUTSCH : Profile

Themen Texte Techniken

TRAINING

- *Basiskompetenzen*
- *Klausuren und schriftliches Abitur*
- *Mündliches Abitur*

Herausgegeben und erarbeitet
von Peter Kohrs

Die Lösungen zu den Übungen befinden sich in der separaten Beilage.

www.schoeningh-schulbuch.de
Schöningh Verlag, Jühenplatz 1–3, 33098 Paderborn

Druck 5 4 3 2 1 / Jahr 2013 12 11 10 09
Die letzte Zahl bezeichnet das Jahr dieses Druckes.

Umschlaggestaltung: Künkel/büro für gestaltung, Bielefeld/werkzwei. kommunikation, Detmold, unter Verwendung von © Roy McMahon/Corbis
Druck und Bindung: westermann druck GmbH, Braunschweig

ISBN 978-3-14-028804-0

Inhaltsverzeichnis

Training: Basiskompetenzen zur Erschließung von Texten 5

Sachtexte 5

- Einen Sachtext inhaltlich zusammenfassen 5
  Irmgard Scheitler: Erzähltheorie der Gegenwartsprosa 5
  Wolf Schneider: Die Sprache verändert sich – was sollen die alten Normen? 9

- Einen Sachtext mithilfe der Fünf-Schritte-Lesemethode erschließen 11
  Marcel Reich-Ranicki: Für Kurzgeschichten muss man Zeit haben 11/13

- Den Entwurf einer Sachtextanalyse beurteilen und überarbeiten 17

- Einen Sachtext verstehen und mithilfe einer Skizze visualisieren 21
  Franz K. Stanzel: Erzählsituationen 21

Literarische Texte 25

- Den Inhalt eines literarischen Textes wiedergeben 25
  Heinrich von Kleist: Das Bettelweib von Locarno 25
  Gabriele Wohmann: Ein netter Kerl 31

- Produktionsorientiert interpretieren: durch Eingreifen einen Text deuten 33

- Einen literarischen Text mithilfe von Fragen erschließen; einen Entwurf überarbeiten 36
  Peter Bichsel: San Salvador 36/38

- Die Analyse eines Gedichts vorbereiten; einen Analyseentwurf beurteilen und überarbeiten 44
  Hans Magnus Enzensberger: konjunktur 44

Training: Klausuren und schriftliche Abiturprüfung 49

- Analyse eines expositorischen Textes (mit weiterführendem reflexionsorientierten Schreibauftrag) 49
  Martin Walser: Die Rolle des Lesers von literarischen Texten 49

- Analyse eines fiktionalen Textes (mit weiterführendem reflexionsorientierten Arbeitsauftrag) 57
  Franz Kafka: Der Kübelreiter 57

- Vergleichende Analyse von fiktionalen Texten 64
  Brüder Grimm: Sterntaler 64
  Georg Büchner: Märchen der Großmutter (Auszug aus dem Drama „Woyzeck“) 64
  Christa Reinig: Robinson 73
  Karl Krolow: Robinson I 73

- Argumentative Entfaltung eines Sachverhalts/eines Problems im Anschluss an eine Textvorlage 75
  Jens Voss: Surfen statt denken 75
  Helmut Glück: Sprachentwicklung in der modernen Mediengesellschaft 84

Training: Mündliche Abiturprüfung 86

- Analyse eines Sachtextes mit Aufgabenschwerpunkt 86
  Alexander Remler: Ist Deutsch noch sexy? 86
- Analyse eines literarischen Textes mit Aufgabenschwerpunkt 91
  Bertolt Brecht: Fragen eines lesenden Arbeiters 91

Anhang 95

- Rhetorische Fachbegriffe und Figuren 95
- Fachbegriffe zur Analyse/Interpretation literarischer Texte 96
- Fachbegriffe zur Analyse von Sachtexten 99
- Zentrale Prüfungsaufgaben und Operatoren (Arbeitsaufträge) 101

Textquellenverzeichnis 102

Bildquellenverzeichnis 103

Training:

Basiskompetenzen zur Erschließung von Texten

Sachtexte

Einen Sachtext inhaltlich zusammenfassen

Irmgard Scheitler

Erzähltheorie der Gegenwartsprosa

– argumentierender Text

– **Adressaten:** Leser, die sich mit Literatur beschäftigen

Thematik: Theorie der Gegenwartsprosa im Vergleich zu traditioneller Prosa

Abschnitt 1: traditionelle Romanliteratur

Nehmen wir als Gegenbeispiel [zur modernen Literatur] ein Werk wie Fontanes *Effi Briest* und gestatten uns um der schärferen Konturierung willen eine etwas vereinfachte Sicht: Fontane präsentiert in seinem Roman einen Weltausschnitt oder ein Modell von Welt, in das der Leser mit den ersten Sätzen eintaucht und das er während seiner Lektüre nicht zu verlassen braucht, denn diese Romanwelt operiert mit dem, was dem Leser plausibel erscheinen kann, und ist in sich stimmig und geschlossen. Innerhalb seiner konstruierten Welt diskutiert der Roman am Beispiel von individuellen Problemen der fiktiven Figuren exemplarische Fragen von mehr oder weniger zeitgebundenem Charakter. Ob er für diese Probleme eine Lösung anbietet, mag dahingestellt bleiben; jedenfalls enthält der Text dank auktorialer Eingriffe wie Rezeptionslenkung und Fokussierung einen starken Appell an den Leser, Situationen und Konstellation von der Art der dargestellten als problemträchtig zu erkennen und nach Lösungswegen zu streben. Dieser Appell kann nur vermittelt werden, weil Autor und Leser im Wesentlichen die gleichen Werte hochhalten, die z. B. im Falle von *Effi Briest* im Konflikt zwischen Ehe und Selbstverwirklichung aufeinanderprallen. Autor und Leser stehen in einer Welt, die wenigstens prinzipiell begreifbar und überschaubar erscheint – einer Welt übrigens, die weitgehend mit einem konkreten Staatsgebilde, Preußen, identisch ist –, und gehen davon aus, dass Konflikte bewältigt werden sollen und können.

Diese Voraussetzungen sind nicht mehr vorhanden. Da für das einzelne Individuum die Welt undurchschaubar geworden ist, lehnen auch Autoren es ab, die Welt als eine verfügbare in Erzählungen einzufangen, die sich als „Modell von Welt" präsentieren. Da nirgends mehr Verlässlichkeit zu erwarten ist und da man im Grunde kaum etwas über sich selbst weiß, wird auch die Illusion von einem allwissenden, treulich berichtenden Autor absurd. In einer

Gesellschaft, die vom Pluralismus zur Wertfreiheit fortgeschritten ist, sollte auktoriale Sympathielenkung nicht mehr einengen. Angesichts von Identitätsverlust und Brüchigkeit des Ichs lassen sich keine konsistenten Figuren mehr herzeigen. Wenn der Zufall regiert, wird auch eine konsequent und final erzählte Geschichte unmöglich. Der Roman muss notwendig seine Funktion exemplarischer Problembewältigung einbüßen. Auch von der Hoffnung, eine Verbesserung von Zuständen durch Literatur herbeiführen zu können, hat sich die Gemeinde der Autoren und Leser weitgehend entfernt, obwohl es in diesem Punkt in den letzten Jahrzehnten verschiedene Tendenzen gab.

Abschnitt 2: weltanschauliche Veränderung

Wesentliche Merkmale der heutigen Literatur sind inzwischen seit 100 Jahren geläufig. Die Erzählrevolutionen seit der sog. Moderne zersetzten Stück für Stück die Einheit eines Textes und die epische Illusion. Verloren ging die sog. Welthaltigkeit zugunsten von Innenperspektive und stream of consciousness[1], der allwissende Erzähler wurde von einer Fülle von Perspektiven abgelöst, an die Stelle der Geschlossenheit trat das offene Ende, an die Stelle der Einheitlichkeit die Montage. Mit dem Abschied von realistischer Darstellung büßte das Erzählte Linearität, Konsistenz und Mimesis[2] ein. Sprachskepsis, ja der Zweifel an der Übereinstimmung von Zeichen und Bezeichnetem überhaupt schienen der Literatur den Boden zu entziehen: ihre Verankerung in der Welt. Mit dem fortschreitenden Verzicht auf Rezeptionslenkung durch den Erzähler entfiel auch der moralische Aspekt: die Vermittlung von Werten, v. a. durch ein wertebestätigendes Ende. Stattdessen suchte sich Literatur eine andere Basis: sich selbst und ihr eigenes Verfahren. [...]

Abschnitt 3: Merkmale der modernen Literatur

Literatur droht, eine Sache für Spezialisten zu werden. Dies gilt umso mehr, als es heute keinen allen gemeinsamen Wissenskanon und Kulturschatz mehr gibt, auf den zurückgegriffen werden könnte. Es gibt aber noch andere Sperren, die sich dem Leser in den Weg stellen und ihm Gegenwartsliteratur hermetisch zu verschließen scheinen. Hierher gehört die Abwesenheit eines Leitfadens, einer Leitfigur oder einer Erzählinstanz, das „Verschwinden" des Autors. Haben wir uns durch die Erfahrungen langer Jahre an das Fehlen einer linearen Chronologie, an Sprünge, ja an Widersprüche gewöhnt, so bereitet das, was die „Mitautorschaft des Lesers" genannt wird [...], das Fehlen einer Geschichte und ihre Substituierung[3] durch Varianten, denn doch Irritationen. Damit eng verknüpft ist die Verabschiedung von scheinbar unverrückbaren Axiomen: Personenidentität, Trennung von Belebtem und Unbelebtem, Identität der Zeit. (2001)

Abschnitt 4: Folgen/Fazit

1 stream of consciousness: Bewusstseinsstrom; Form der Personenrede in lit. Texten (Neben direkter Rede, indirekter Rede und erlebter Rede als Wiedergabe von Gedachtem; bei der stream-of-consciousness-Technik geht es um die Darstellung von Bewusstseinsinhalten sowie halb- oder unbewussten Assoziationen. Diese Technik öffnet – vor allem in moderner Literatur – einen unbegrenzten Einblick in das Innere der Figuren und ist Ausdruck erzählerischer Allwissenheit.)

2 Mimesis: Zentralbegriff der Kunsttheorie seit der Antike; bezeichnet das Verhältnis von Erfahrungswirklichkeit und künstlerischer Gestaltung; im Laufe der Zeit hat sich allerdings die Auffassung von Wirklichkeit und Nachahmung gewandelt.

3 Substituierung: Austausch, Ersatz

1. Lesen Sie den Text aufmerksam durch. Formulieren Sie in einer knappen Zusammenfassung, worum es in dem Text geht.

___

___

___

2. Fassen Sie die Markierungen und Randnotizen in einem knappen (informierenden) Text zusammen.

___

___

___

___

___

___

3. Ergänzen Sie Markierungen und Randnotizen, indem Sie jeweils passende Details feststellen.

4. Fassen Sie die Unterschiede zwischen traditioneller Prosa und Prosa der Gegenwart in einer gegenüberstellenden Liste (auf einem gesonderten Blatt oder am PC) zusammen. Arbeiten Sie mit Stichworten; schreiben Sie nur das Wesentliche heraus. Nutzen Sie den folgenden Anfang:

Traditionelle Prosa (Beispiel: 19. Jahrhundert; Th. Fontane)	**Prosa der Gegenwart** (die letzten 100 Jahre)
• Weltausschnitt/Modell der Welt: stimmig, geschlossen • …	• Voraussetzungen traditioneller Romane fehlen • gesellschaftliche Veränderungen: – Welt für Individuum undurchschaubar – … • Folgen für Romane: – … • Merkmale moderner Literatur: – …

Der folgende Ausschnitt einer Inhaltszusammenfassung stammt von einem Schüler:

In dem Text „Erzähltheorie der Gegenwart“ von Irmgard Scheitler, einem Auszug aus dem im Jahre 2001 erschienenen Sachbuch, geht es vor allem um die Kennzeichnung moderner Romanliteratur als Folge gesellschaftlicher Veränderungen. Diese Kennzeichnungen werden der traditionellen Romanliteratur (Beispiel: Fontane) gegenübergestellt. Im 1. Abschnitt geht die Verfasserin im Hinblick auf die gewählte Überschrift zunächst von einem Gegenbeispiel der Tradition, nämlich der Prosa des 19. Jahrhunderts am Beispiel von Fontanes Roman „Effi Briest“, aus, in dem es noch – nach Meinung der Verfasserin – eine stimmige und in sich geschlossene Romanwelt gibt, die für den Leser begreifbar und überschaubar ist. Die dargestellten individuellen Konflikte dieser künstlich geschaffenen Romanwelt stellen für einen solchen Leser einen Appell dar, um nach Bewältigungsmöglichkeiten in seinem eigenen Lebensumfeld zu suchen. Eine solche Vermittlung durch den Autor – so betont die Verfasserin – ist nur möglich, weil Autor und Leser durch ähnliche Wertmaßstäbe verbunden sind.

Im nächsten Abschnitt stellt die Verfasserin heraus, diese Voraussetzungen seien aber nicht mehr gegeben, weil inzwischen Veränderungen vor sich gegangen seien. So nennt sie folgende Beispiele:
- Welt ist für das Individuum undurchschaubar geworden,
- Verlässlichkeit ist nicht mehr zu erwarten,
- Identitätsverlust, Ich-Dissoziation herrschen vor,
- allgemein bindende Werte sind nicht mehr vorhanden,
- der Zufall regiert.

Als Folgen für die Romanliteratur nennt die Verfasserin vor allem:
- ...

(5) Schreiben Sie auf, welche Einzelheiten die Einleitung enthält.

(6) Weisen Sie Beispiele für die sprachliche Durchdringung nach. Nutzen Sie zur Beantwortung die Möglichkeit der Textmarkierung:
- knappe, logische und präzise Zusammenfassung durch Satzgefüge,
- Wiedergabe einer fremden Meinung mithilfe des Konjunktivs,
- sprachliche Konnektoren, die eine Schlüssigkeit im Text bewirken.

(7) Geben Sie eine kurze Beurteilung, inwieweit die Kriterien für die Zusammenfassung eines Sachtextes (s. Methodenkasten) erfüllt sind.

(8) Schreiben Sie jetzt auf einem gesonderten Blatt oder am PC die Fortsetzung der Zusammenfassung. Nutzen Sie dabei die oben erarbeiteten Zusammenhänge und Übersichten.

Methode

Inhaltliche Zusammenfassung eines Sachtextes

Es geht bei der Zusammenfassung eines Sachtextes um eine teils informative, teils erklärend-argumentative Darstellung. Zusammengefasst wird in der Tempusform *Präsens*. Wichtig ist es, sich vom Wortlaut des Textes zu lösen und diesen im Sinne einer analytischen Distanz mit eigenen Worten wiederzugeben. Zentrale Zitate können in die Zusammenfassung eingebaut werden; eine bloße Paraphrasierung muss jedoch vermieden werden.

Die Fähigkeit, eine inhaltliche Zusammenfassung eines komplexen Sachtextes erstellen zu können, ist Voraussetzung für jede Analyse und Erörterung. Sie setzt das Verstehen des Textes voraus. Da fremde Gedanken wiedergegeben werden, muss dies im Text durch entsprechende sprachliche „Distanzmittel" zum Ausdruck gebracht werden, entweder
- durch den Konjunktiv: Der Verfasser meint, dies *sei* deshalb notwendig, weil ...
- oder durch Formulierungen wie: Dies – *so behauptet der Verfasser* – ist deshalb notwendig, weil ...

Zur *Sprache* in Inhaltszusammenfassungen:
Wichtig für die Struktur des Textes sind vor allem sprachliche Konnektoren, hinweisende Ausdrücke und Formulierungen, die eine Gliederungshilfe im Text darstellen, z. B.: *dies, außerdem, darüber hinaus, jedoch, aber, schließlich.*

Die logische Verknüpfung von Abschnitten und Sätzen wird am besten durch hypotaktischen Satzbau (Satzgefüge) zum Ausdruck gebracht. Auch unterschiedliche Ausdrücke des Sagens und Sprechens helfen, sich vom Wortlaut des Textes zu lösen und die Zusammenhänge zu strukturieren, z. B.: *Er/der Verfasser/der Autor ... stellt dar/erklärt/hebt hervor/bemerkt/fasst zusammen/beruft sich/behauptet/betont/lässt keinen Zweifel daran, ...*

Gegliedert werden kann die Zusammenfassung in folgender Weise:

Einleitung

Verfasser, Titel, Art des Sachtextes, knapper Hinweis auf Inhalt/Thematik

Hauptteil

- Um welche Problematik/welchen Inhalt/welche Thematik geht es (detaillierte Darstellung)?
- Wie ist der Inhalt gegliedert?
- Welche Absicht verfolgt der Verfasser? (vorwiegend Information? Appell? Argumentation?)
- Wer ist der mögliche Adressat des Textes? Für wen könnte der Text von Interesse sein?

Schlussteil

Möglich sind:

- knapper Ausblick im Sinne der Thematik
- knappe Beurteilung des Textes

Weitere Trainingsmöglichkeit

Wolf Schneider

Die Sprache verändert sich – was sollen die alten Normen?

Die Frage ist berechtigt – die in ihr schon angelegte Antwort falsch. Die Sprache verändert „sich“ nämlich *nicht*. Es existiert keine abstrakte Wirkungsmacht namens „Sprache“, die auf unerforschliche Weise sich selbst veränderte. Nein: *Wir* entwickeln sie, wir, die fast hundert Millionen Europäer deutscher Muttersprache, mit allem, was wir sagen oder nicht sagen, schreiben oder nicht schreiben. Jeder hat einen Einfluss größer als null.

Martin Luther hat die Sprache ganz gewaltig entwickelt, alle Dichter, zumal die populären, haben es getan, und heute üben Journalisten, Schriftsteller, Werbetexter einen mächtigen Einfluss aus, auch Fernsehplauderer, Popstars, Discjockeys, Sportler mit ihrem Mikrofongestammel; nicht zu vergessen die Soziologen, deren Hinterfragungs- und Selbsteinbringungskauderwelsch man sogar von jungen Leuten hören kann, die auf der Parkbank schmusen.

Und dann jene gesellschaftlichen Gruppen, die bewusst eine Sprachlenkung betreiben und dabei die Macht bewiesen haben, sie durchzusetzen: Die feministische Bewegung hat es binnen etwa zwanzig Jahren geschafft, in allen amtlichen Schriftstücken sowie in den meisten Redaktionen entweder eine neutrale Geschlechtsbezeichnung („die Lehrperson“) oder die Doppelnennung zu erzwingen, und andere Abweichungen vom herkömmlichen Sprachgebrauch will die *Political Correctness* uns vorschreiben [...].

Sprachmacht wird indessen auch ohne politische Absicht ausgeübt. Etliche Marotten, die sich Rudolf Augstein 1947 als Markenzeichen für den *Spiegel* ausdachte, sind Gemeingut geworden: die Abschaffung des Personalpronomens zum Beispiel („Ehefrau Hilde mit Sohn Otto“ – für *seine* Frau mit *ihrem* Sohn war kein Platz) oder die Versaubeutelung des Genitivs („Der Einfluss *von* Gesellschafter Meyer ...“). Wer bezweifelt, dass dies eine Erfindung von 1947 ist, beweist damit nur, wie erfolgreich sie die Sprache unterwandert hat. Die *Bildzeitung* wirkt natürlich sprachbildnerisch auf ihre elf Millionen Leser ein; und wenn wir heute „Iran“ sagen zu jenem Land, das vor einem halben Jahrhundert alle Deutschen „Persien" nannten, dann deshalb, weil die *Deutsche Presseagentur* (dpa) sich entschieden hatte, die Sprachregelung des Auswärtigen Amtes zu übernehmen, sodass die nun alle Zeitungsleser erreicht.

Keiner von den Sprachveränderern hat gefragt, ob er befugt ist, einen Wandel herbeizuführen, keiner war von einer Mehrheit der Deutschsprachigen oder von einem halbwegs zuständigen Gremium beauftragt oder legitimiert. Alle haben die Sprache wohlgemut verändert zu ihren politischen, kommerziellen oder individuellen Zwecken.

Wer solche Zwecke nicht verfolgt, sondern einfach einer klaren, kraftvollen Sprache dienen will, der muss sich also seinerseits um Legitimation nicht scheren. Er ist selbst ein Stück Sprachentwicklung und kann sich fröhlichen Gewissens zur Umgestaltung aufgerufen fühlen. Ebenso selbstverständlich hat er das Recht, solche Veränderungen zu kritisieren oder zu bekämpfen, die er für unglücklich hält.

Wie dient man der Sprache am besten? Indem man versucht,

- ihren Reichtum zu erhalten,
- ihre Alltagstauglichkeit unter ständig wechselnden Bedingungen zu wahren,
- ihre Kraft und Eleganz zu mehren,
- jedem tückischen oder lümmelhaften Umgang mit ihr in den Weg zu treten.

Einbalsamieren will die Sprache keiner. Wir wissen, dass sie lebt und sich verändern muss; aber das ist nicht gleichbedeutend mit der Leidenschaft, vor jedem modischen Unfug in die Knie zu gehen.

Der simpelste Fall von Sprachentwicklung findet dort statt, wo etwas neu in die Welt tritt und nach Benennung ruft. Wie, zum Beispiel, sollte die Maschine heißen, der das Kunststück gelang, Wagen über Schienen zu ziehen? „Dampfross" wurde sie zunächst genannt, Erfinder der Metapher unbekannt – aber eigentlich war er ein begabterer Mensch als jener lateinkundige Studienrat, der das Wort „Lokomotive" durchsetzte. Die Bedeutung „sich von der Stelle bewegend" träfe ja ebenso auf das Automobil zu, „das sich selbst Bewegende"; die Abgrenzung zwischen den beiden Wörtern ist ein historischer Zufall – und kein Beispiel für intelligenten Umgang mit der Sprache.

Nach diesen Schlaglichtern auf den Sprachwandel, gesteuerten und unwillkürlichen, stellen sich erst recht zwei Fragen: Sind *Sprachnormen* noch zeitgemäß, zumutbar, durchsetzbar? [...]

Inzwischen hat die *Werbung* den Normverstoß als Köder für die Aufmerksamkeit entdeckt: „Deutschlands meiste Kreditkarte" zum Beispiel, oder der Name einer Talkshow „Was erlauben Strunz?" (in Anlehnung an das krause Deutsch eines italienischen Fußballtrainers). Und fast schon geflügelt geworden ist der Werbespruch: „Da werden Sie geholfen." Anno 2004 hat sogar und ausgerechnet die Präsidentin des Goethe-Instituts, Jutta Limbach, den *Spiegel* gelobt für seine „lebensnahe und schöpferische Sprache, die sich über einengende Regeln der deutschen Grammatik erhaben weiß".

Unbeschadet der Hoffnung, dass Frau Limbach dies ironisch gemeint haben könnte. [...]

Die Schule hat das Äußerste zu tun, um bei allen Schülern die Norm gegen die Gefühlsgrammatik durchzusetzen. Alle wollen, alle müssen sich an dem großen Sprachspiel beteiligen, ohne das unser Zusammenleben nicht funktionieren kann; also ist es zwingend, die Regeln dieses Spiels zu erlernen, und zumutbar auch: Komplizierter als die Abseitsregel im Fußball ist nämlich keine. Hauptsache, das Lernen macht nicht *nur* Spaß.

„Ohne Regeln", sagt Dolf Sternberger, „gibt es überhaupt keine Gesellschaft, auch keine künftige." (2005)

Information

Der Text ist ein Auszug aus dem 2005 erschienenen Buch „Deutsch! Das Handbuch für attraktive Texte" (Rowohlt Verlag, Reinbek bei Hamburg). Wolf Schneider, geb. 1925, leitete bis zum Jahr 1995 die Hamburger Journalistenschule. Er war u. a. Washington-Korrespondent der „Süddeutschen Zeitung" und Chefredakteur der „Welt".

1 Fassen Sie Thematik/Inhalt und Argumentationsschwerpunkt des Textes von Wolf Schneider „Die Sprache verändert sich – was sollen die alten Normen?" zusammen.

Einen Sachtext mithilfe der Fünf-Schritte-Lesemethode erschließen

Marcel Reich-Ranicki

Für Kurzgeschichten muss man Zeit haben

[Es gibt] einen ursächlichen Zusammenhang zwischen dem dominierenden Lebensgefühl der Leser und ihrer Vorliebe für bestimmte literarische Formen. Nur verhält es sich eher umgekehrt, als es sich auf den ersten Blick verhalten müsste, nämlich: Je schneller und hastiger unser Alltag, desto stärker unser Bedürfnis nach Ruhe. Und je spürbarer die Unsicherheit, desto heftiger die bewusste oder unbewusste Sehnsucht nach Entspannung und Entrückung, nach Schutz, nach, altmodisch ausgedrückt, Geborgenheit. Dies jedoch beeinträchtigt im selben Maße die Erfolgschancen der Kurzgeschichte, wie es diejenigen des Romans begünstigt.

Schon durch seine die Zeit organisierende und gliedernde Funktion flößt der Roman wenn nicht gerade Behaglichkeit ein, so jedenfalls Vertrauen. Die Kurzgeschichte verbreitet, wenn nicht gerade Beklemmung, so jedenfalls Skepsis und Misstrauen. Der Roman betreut und behütet den Leser, die Kurzgeschichte nimmt ihn in Anspruch und liefert ihn sich selber aus. Daher lässt sich im Roman Ruhe finden, während die Kurzgeschichte in Unruhe versetzt. Von ihr werden Bedürfnisse nicht erfüllt, sondern provoziert.

Überdies stellen die Erzähler von Kurzgeschichten an die Fantasie, die Aufmerksamkeit und die Intelligenz ihres Publikums hohe Anforderungen: Wie die Autoren mit wenigen Worten eine ganze Welt zeigen wollen, so sind die Leser gezwungen, sich mit nur wenigen Anhaltspunkten und Andeutungen für jenes Bild zu begnügen, das sie sich selbst machen müssen. Während der Roman ganze Städte und Landschaften ins Blickfeld rückt, lassen sich Geschichten eher mit Brücken vergleichen. Und in der Regel verbindet eine Brücke nicht etwa zwei Punkte miteinander, sondern zwei Wege. Das gilt auch für Geschichten. Wo der Weg beginnt, der zu ihnen geführt hat, kann man nicht sehen. Wohin der Weg führen wird, der am anderen Ufer anfängt, kann man nicht ahnen. Eine Geschichte beginnt also nie mit ihrem ersten Wort und schließt nie mit ihrem letzten. Zu ihr gehören die Gefühle und Gedanken, von denen sie ausgelöst wurde und die sie auslöst.

Daher beansprucht die Kurzgeschichte ebenso vom Autor wie vom Leser die höchste Konzentration. Wer in einem Roman einen Absatz übersieht, kann hoffen, dass er das ihm Entgangene später doch noch finden werde. Denn der Romancier folgt der Aufforderung Mephistos: Du musst es dreimal sagen! Wer aber in einer Kurzgeschichte einen Absatz oder auch nur einen einzigen Satz nicht wahrnimmt, riskiert, dass sie ihm unverständlich bleibt. Eben deshalb eignet sich die Kurzgeschichte, der landläufigen Ansicht zum Trotz, weder für die Straßenbahnfahrt noch für die Frühstückspause. Wer es eilig hat, greife zu Romanen. Für Kurzgeschichten muss man Zeit haben.

Allerdings wäre nichts unsinniger, als die Kurzgeschichte gegen den Roman ausspielen zu wollen: Unsere Literatur braucht diesen ebenso wie jene. Doch wer den Kurzgeschichten wieder zum Leben verhelfen möchte, sollte auch bedenken, dass sie nicht entstehen können, wenn es an Publikationsorganen mangelt, die bereit sind, sie den Lesern zugänglich zu machen. Nicht zufällig waren die ersten deutschen Schriftsteller, die hervorragende epische Miniaturen geschrieben haben, Mitarbeiter von Zeitungen: Johann Peter Hebel und Heinrich von Kleist. Dies gilt auch für die Meister der angelsächsischen Short Story von Edgar Allan Poe über Mark Twain und O'Henry bis zu Hemingway.

Bei uns aber gibt es immer weniger Zeitschriften; und seit jenen späten Sechzigerjahren, da die Kunst rapide in Verruf geraten ist, haben die Tages- und Wochenzeitungen kaum

noch Platz für erzählende Prosa. Soll man sich wundern, dass sich unter solchen Umständen die deutschen Schriftsteller fast ganz von der Kurzgeschichte abgewandt haben?
(Frankfurter Allgemeine Zeitung, 17.9.1977)

Arbeitsschritt 1: Text überfliegen, erste Eindrücke festhalten, Informationen entnehmen, Vorwissen abrufen

(1) Fassen Sie Ihr Vorwissen zum Thema *Kurzgeschichte* in knapper Form zusammen.

____

____

____

____

(2) Welchen Eindruck haben Sie von dem Text? Was ruft in besonderer Weise Ihr Interesse, Ihre Neugier hervor?

____

____

____

(3) Worum geht es in diesem Sachtext? Notieren Sie in Form von Stichworten.

____

____

____

____

(4) Kennzeichnen Sie die Form des Sachtextes. Kreuzen Sie Zutreffendes an.

- ☐ appellierend
- ☐ normierend
- ☐ argumentierend
- ☐ informierend
- ☐ stellt persönliche Gefühle und Eindrücke dar

Arbeitsschritt 2: W-Fragen beantworten

(1) **Wer** ist der Verfasser?

____

(2) **Wann** ist der Text zum ersten Mal erschienen?

____

(3) **Wo**/in welchem Medium wurde der Text ursprünglich veröffentlicht?

____

(4) **Welche** Absicht verfolgt der Verfasser mit seinem Text?

____

____

____

(5) **Welche** Ihnen bekannte Verfasser von Kurzgeschichten führt Reich-Ranicki nicht auf?

(6) **Welche** Gründe nennt Reich-Ranicki dafür, dass seit den späten 60er-Jahren weniger Kurzgeschichten geschrieben werden?

Arbeitsschritt 3: Text durch markierendes Lesen erschließen

Marcel Reich-Ranicki

Für Kurzgeschichten muss man Zeit haben

Überschrift: zentrale These

[Es gibt] einen ursächlichen Zusammenhang zwischen dem dominierenden Lebensgefühl der Leser und ihrer Vorliebe für bestimmte literarische Formen. Nur verhält es sich eher umgekehrt, als es sich auf den ersten Blick verhalten müsste, nämlich: je schneller und hastiger unser Alltag, desto stärker unser Bedürfnis nach Ruhe. Und je spürbarer die Unsicherheit, desto heftiger die bewusste oder unbewusste Sehnsucht nach Entspannung und Entrückung, nach Schutz, nach, altmodisch ausgedrückt, Geborgenheit. Dies jedoch beeinträchtigt im selben Maße die Erfolgschancen der Kurzgeschichte, wie es diejenigen des Romans begünstigt.

Wiederholung

Teil 1

Leserhilfen/Konnektoren

Präzisierung der These

Schon durch seine die Zeit organisierende und gliedernde Funktion flößt der Roman wenn nicht gerade Behaglichkeit ein, so jedenfalls Vertrauen. Die Kurzgeschichte verbreitet, wenn nicht gerade Beklemmung, so jedenfalls Skepsis und Misstrauen. Der Roman betreut und behütet den Leser, die Kurzgeschichte nimmt ihn in Anspruch und liefert ihn sich selber aus. Daher lässt sich im Roman Ruhe finden, während die Kurzgeschichte in Unruhe versetzt. Von ihr werden Bedürfnisse nicht erfüllt, sondern provoziert.

Antithetik

Überdies stellen die Erzähler von Kurzgeschichten an die Fantasie, die Aufmerksamkeit und die Intelligenz ihres Publikums hohe Anforderungen: Wie die Autoren mit wenigen Worten eine ganze Welt zeigen wollen, so sind die Leser gezwungen, sich mit nur wenigen Anhaltspunkten und Andeutungen für jenes Bild zu begnügen, das sie sich selbst machen müssen.

Während der Roman ganze Städte und Landschaften ins Blickfeld rückt, lassen sich Geschichten eher mit Brücken vergleichen. Und in der Regel verbindet eine Brücke nicht etwa zwei Punkte miteinander, sondern zwei

Bild

Teil 2: Argumentation (Unterscheidung von Kurzgeschichte und Roman)

Wege. Das gilt auch für Geschichten. Wo der Weg beginnt, der zu ihnen geführt hat, kann man nicht sehen. Wohin der Weg führen wird, der am anderen Ufer anfängt, kann man nicht ahnen. Eine Geschichte beginnt also nie mit ihrem ersten Wort und schließt nie mit ihrem letzten. Zu ihr gehören die Gefühle und Gedanken, von denen sie ausgelöst wurde und die sie auslöst.

Fazit

Daher beansprucht die Kurzgeschichte ebenso vom Autor wie vom Leser die höchste Konzentration. Wer in einem Roman einen Absatz übersieht, kann hoffen, dass er das ihm Entgangene später doch noch finden werde. Denn der Romancier folgt der Aufforderung Mephistos: Du musst es dreimal sagen! Wer aber in einer Kurzgeschichte einen Absatz oder auch nur einen einzigen Satz nicht wahrnimmt, riskiert, dass sie ihm unverständlich bleibt. Eben deshalb eignet sich die Kurzgeschichte, der landläufigen Ansicht zum Trotz, weder für die Straßenbahnfahrt noch für die Frühstückspause. Wer es eilig hat, greife zu Romanen. Für Kurzgeschichten muss man Zeit haben.

s. Überschrift: Bestätigung der These

Hyperbel

Allerdings wäre nichts unsinniger, als die Kurzgeschichte gegen den Roman ausspielen zu wollen: Unsere Literatur braucht diesen ebenso wie jene. Doch wer den Kurzgeschichten wieder zum Leben verhelfen möchte, sollte auch bedenken, dass sie nicht entstehen können, wenn es an Publikationsorganen mangelt, die bereit sind, sie den Lesern zugänglich zu machen. Nicht zufällig waren die ersten deutschen Schriftsteller, die hervorragende epische Miniaturen geschrieben haben, Mitarbeiter von Zeitungen: Johann Peter Hebel und Heinrich von Kleist. Dies gilt auch für die Meister der angelsächsischen Short Story von Edgar Allan Poe über Mark Twain und O'Henry bis zu Hemingway.

Bei uns aber gibt es immer weniger Zeitschriften; und seit jenen späten Sechzigerjahren, da die Kunst rapide in Verruf geraten ist, haben die Tages- und Wochenzeitungen kaum noch Platz für erzählende Prosa. Soll man sich wundern, dass sich unter solchen Umständen die deutschen Schriftsteller fast ganz von der Kurzgeschichte abgewandt haben?

Teil 3

1. Notieren Sie stichwortartig, welche Kennzeichnungen des Textes in den Randnotizen und Markierungen bereits vorgenommen worden sind.

2. Ergänzen Sie weitere Eintragungen. Orientieren Sie sich ggf. an Schritt 3 der Zusammenstellung auf S. 16.

Arbeitsschritt 4:
Textinhalt veranschaulichen (durch Skizze, Mindmap, Diagramm)

(1) Vervollständigen Sie die folgende Übersicht zu dem vom Verfasser angestellten Vergleich zwischen Kurzgeschichte und Roman.

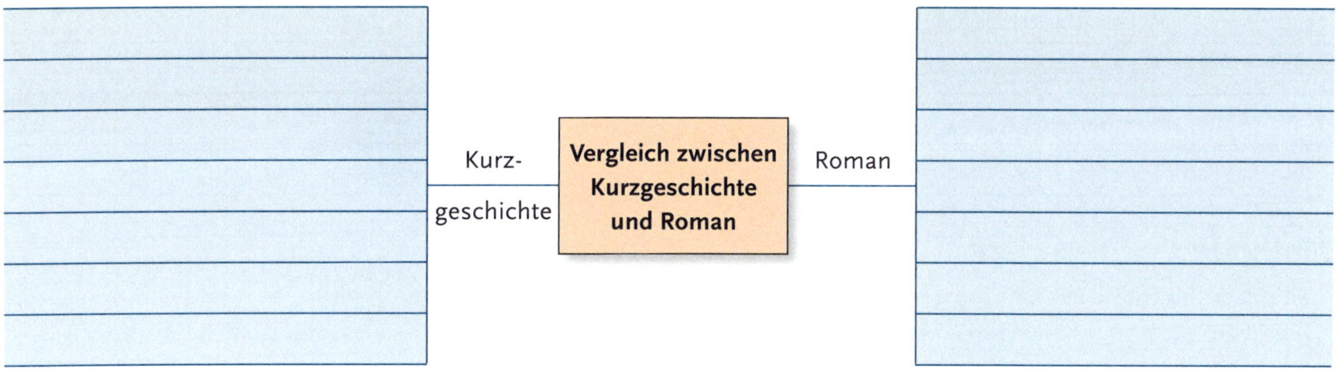

Arbeitsschritt 5: Zusammenfassen und beurteilen

(1) Fassen Sie die zentrale These des Verfassers (s. Überschrift) mithilfe der wichtigsten Argumente aus dem Text mit eigenen Worten knapp zusammen. Ergänzen Sie den folgenden Anfang:

Die bereits in der Überschrift genannte zentrale These „Für Kurzgeschichten muss man Zeit haben" widerspricht der üblichen Meinung, dass ein kurzer Text auch nur kurze Zeit zum Lesen benötige.

(2) Beurteilen Sie, inwieweit Reich-Ranickis Urteil aus dem Jahr 1977 auch für die Kurzgeschichte von Peter Bichsel „San Salvador" (S. 36), erschienen im Jahr 1964, zutreffend ist.

3. Was erscheint Ihnen an Reich-Ranickis Ausführungen weniger überzeugend? Formulieren Sie eine knappe Kritik.

Methode

Fünf-Schritte-Lesemethode

Fünf-Schritte-Lesemethode zum Verstehen von Sachtexten

1. Text überfliegen, erste Eindrücke festhalten, Informationen entnehmen, Vorwissen abrufen
   - Wovon handelt der Text?
   - Was sagt mir die Überschrift über Inhalt und Thema?
   - Welche Art von Sachtext repräsentiert der Text?
   - Was weiß ich schon zum Thema des Textes?
2. W-Fragen an den Text stellen und beantworten
   - **Wer** hat den Text verfasst?
   - **Wann** ist der Text zum ersten Mal erschienen?
   - **Wo**/in welchem Medium ist der Text zum ersten Mal erschienen?
   - **Welche Absicht** verfolgt der Verfasser?
3. Text durch markierendes Lesen und Randnotizen erschließen
   - zentrale Textstellen und Signalwörter markieren
   - sprachlich-rhetorische Besonderheiten hervorheben
   - Aufbau kennzeichnen
   - Rand für Kommentare und Notizen nutzen
4. Textinhalt vertiefen und veranschaulichen
   - Kernaussage benennen
   - eine Übersicht anfertigen: Skizze/Diagramm/Mindmap
5. zusammenfassen und beurteilen
   - Aussage und Absicht zusammenfassen
   - Wie beeinflusst der Text meine bisherigen Vorstellungen?
   - Wie beurteile ich den Text?

Den Entwurf einer Sachtextanalyse beurteilen und überarbeiten

Der folgende Ausschnitt aus einer Analyse des Sachtextes „Für Kurzgeschichten muss man Zeit haben“ von Marcel Reich-Ranicki (S. 13 f.) wurde von einem Schüler verfasst. (Der Schlussteil fehlt.)

Der argumentative Sachtext, der sich an literarisch vorgebildete Leser einer bekannten Tageszeitung richtet, erschien zum ersten Mal in der FAZ vom 17. September 1977. Der Text wurde um die erste Hälfte der ursprünglichen Fassung gekürzt. Bereits die Überschrift macht deutlich, dass es in dem Artikel um die **Infragestellung** der landläufigen Meinung geht, für die Lektüre einer Kurzgeschichte brauche man nur wenig Zeit. Die Argumente zu dieser These nehmen inhaltlich einen großen Raum ein (Z. 1–52). Zu Beginn werden die Veränderungen in unserer modernen Alltagswelt dargestellt: Hast und Schnelligkeit stärkten unser „Bedürfnis nach Ruhe“ (Z. 6), Unsicherheiten unsere Sehnsucht nach Geborgenheit. Dies begünstige die Lektüre des Romans, wie es die Lektüre von Kurzgeschichten erschwere. Mit einem ausführlichen Vergleich zwischen Kurzgeschichte und Roman wird die bereits in der Überschrift genannte zentrale These argumentativ belegt. Dazu gebe ich jetzt einen kurzen Überblick:

Kurzgeschichte:
- verbreitet Beklemmung, Skepsis, Misstrauen (Z. 16 f.),
- nimmt Leser in Anspruch und versetzt ihn in Unruhe (Z. 18 ff.),
- Bedürfnisse werden provoziert, nicht erfüllt (Z. 21 f.),
- Kurzgeschichte ist wie eine Brücke, die zwei nach beiden Seiten offene Wege miteinander verbindet (Z. 30 ff.),
- stellt hohe Anforderungen an den Leser, der nur wenige Andeutungen und Anhaltspunkte erhält (Z. 25 ff.) und der sich selbst ein Bild machen muss (Z. 28 f.).

Roman:
- schafft Behaglichkeit, Vertrauen, Ruhe (Z. 14 ff.),
- betreut und behütet den Leser (Z. 17 f.),
- erzählt in aller Breite und Ausführlichkeit mit inhaltlichen Wiederholungen (Z. 30 f., Z. 42 ff.).

Ab Zeile 41 bis Zeile 52 zieht der Verfasser eine Art Fazit; dieses beginnt mit der kausalen Konjunktion *daher*: „Daher beansprucht die Kurzgeschichte ebenso vom Autor wie vom Leser die höchste Konzentration.“ In einer Kurzgeschichte komme es auf jeden Absatz und jeden Satz an. Die Zusammenfassung endet mit dem Satz: „Wer es eilig hat, greife zu Romanen. Für Kurzgeschichten muss man Zeit haben“ (Z. 51 f.). Damit wird die These der Überschrift wiederholt und bestätigt. Im letzten Teil, der mit dem Wort *allerdings* beginnt (Z. 53), verwahrt sich der Verfasser dagegen, die eine epische Form gegen die andere auszuspielen: Unsere Literatur brauche beide Formen; allerdings sei die Kurzgeschichte auf bestimmte Publikationsorgane angewiesen, zum Beispiel Tages- und Wochenzeitungen, Zeitschriften, die es heute – anders als zu Zeiten von Hebel, Kleist, Twain, O'Henry und Hemingway – immer weniger gäbe oder die keinen Platz mehr hätten für erzählende Prosa. Im Folgenden gehe ich auf die Intention und sprachliche Machart des Textes ein. Der Verfasser verfolgt die Absicht, beim Leser Denkanstöße auszulösen; hier geht es um die mögliche Änderung der Meinung des Lesers im Sinne der These, dass man für die Lektüre von Kurzgeschichten Zeit haben muss. Der Artikel aus einer Tageszeitung ist relativ einfach – man kann sagen: *populärwissenschaftlich* – geschrieben. Er enthält wenig Fachvokabular; die Namen von Kurzprosaautoren (Hebel, Kleist u. a.) sowie der Hinweis auf Mephisto (Z. 45) setzen allerdings einen literarisch gebildeten Leser voraus. Der Text wirkt anschaulich und ist gut lesbar. Der Autor nutzt dazu eine ganze Reihe eingängiger rhetorischer Mittel, z. B.:

- Parallelismus in der Satzgestaltung: Je ... desto (Z. 5–7); wenn nicht gerade ... so jedenfalls (Z. 14–15); Wo der Weg beginnt ... wohin der Weg führen wird (Z. 34–36)
- Doppelausdrücke und Dreierformeln: Sehnsucht nach Entspannung und Entrückung, nach Schutz, nach Geborgenheit (Z. 8–10); Roman betreut und behütet (Z. 17); Fantasie, Aufmerksamkeit und Intelligenz (Z. 24)
- Antithetik: Der epischen Kurzform *Kurzgeschichte* wird durchgehend die epische Langform *Roman* gegenübergestellt: Für die kurze Form müsse man viel Zeit haben; die lange Form sei eher „kurz"weilig zu lesen; wiederholende Gegenüberstellungen von Roman und Kurzgeschichte durch die Konjunktion *während* (Z. 20, Z. 30)
- sprachliches Bild: Kurzgeschichte wird mit einer Brücke verglichen (Z. 30 ff.)
- Hyperbel: höchste Konzentration (Z. 42); Allerdings wäre nichts unsinniger ... (Z. 53); hervorragende epische Miniaturen (Z. 60 f.)
- deutliche sprachliche Konnektoren und deiktische Ausdrücke (wie Demonstrativpronomen), die die logische Konsistenz des Textes erhöhen und dem Leser die Orientierung erleichtern: Dies (Z. 10), Schon (Z. 13), Daher (Z. 19), während (Z. 20, Z. 30), Überdies (Z. 23), Daher (Z. 41), Allerdings (Z. 53), aber (Z. 66) ...

1 Beurteilen Sie, inwieweit der Schüler bei seiner Analyse auf die Aufgabenstellung eingegangen ist; diese lautet:
Analysieren Sie den Text; verdeutlichen Sie dabei vor allem die Argumentationsstruktur sowie Intention und sprachliche Machart.
Nutzen Sie für Ihre Beurteilung auch Einsichten, die Sie bei der eigenen Arbeit an dem Sachtext gewonnen haben (s. S. 12 ff.). Nehmen Sie Markierungen im Text vor oder machen Sie Randnotizen.

2 Überprüfen Sie, inwieweit Zitate zur Absicherung der Befunde eingebaut worden sind. Markieren Sie entsprechend im Text.

3 Gliedern Sie den Text, indem Sie inhaltliche Abschnitte einbauen. Markieren Sie durch einen waagerechten Strich.

4 Beurteilen Sie die Vorgehensweise des Schülers, Zusammenfassungen (Kennzeichnungen von Roman und Kurzgeschichte, Auflistung rhetorischer Wirkungsmittel) in Form von Stichworten zu geben.

5 An welcher Stelle seiner Analyse hat der Verfasser Informationen für den Leser (Lesersteuerung) eingebaut? Unterstreichen Sie diese Stelle(n).

6 Bauen Sie im Sinne der Aufgabenstellung sprachliche Konnektoren (*in ähnlicher Weise, außerdem, daher, ...*) und weitere Leserhilfen in den Text ein. Informieren Sie sich dazu im Infokasten auf S. 19 f.
Tragen Sie die Korrekturen bzw. Ergänzungen direkt in den Text (Randspalte) ein oder formulieren Sie im Folgenden. Leserhilfen, z. B.:

Z.

Konnektoren, z. B.:

Z. ____

____

____

(7) Überprüfen Sie, inwieweit sich der Schüler in seiner Analyse an die für eine Sachtextanalyse vorgeschlagene Schrittfolge (hier kommen die Schritte 1–3 infrage) gehalten hat (s. S. 51).

(8) Verfassen Sie für die Textanalyse einen Schlussteil. Wählen Sie eine der im folgenden Infokasten angegebenen Möglichkeiten, die Sie für diesen Sachtext als geeignet ansehen.

Methode

Möglichkeiten für den Schlussteil einer Sachtextanalyse

- Man zieht ein Fazit, um das Vorhergehende auf den Punkt zu bringen; ggf. kennzeichnet man das Ergebnis der Analyse mit abstrahierenden Begriffen.
  Oder:
- Man gibt einen Rückblick, indem man die Methode des Vorgehens verdeutlicht.
  Oder:
- Man gibt ein persönliches Werturteil ab, z. B. zum Inhalt und zur Intention des Textes.
  Oder:
- Man kommt auf die Einleitung zurück, wenn darin ein erster, noch vorläufiger Verstehensansatz formuliert ist.

Information

Gliederungshilfen: Leserführung und sprachliche Konnektoren

Leserführung
Der Schreiber gibt Auskunft über sein Vorgehen, er weist auf Vorausgegangenes oder Kommendes hin, er stellt rhetorische Fragen, um das Interesse seiner Leser zu wecken oder wachzuhalten, er nimmt Ergebnisse auf und führt sie weiter. Damit wird auf den Leser Bezug genommen und diesem das Lesen und die Orientierung im Text erleichtert.
Beispiele:

- Neuen Abschnitt beginnen:
  Nach dieser knappen Einleitung möchte ich ...
  Als Nächstes möchte ich auf die rhetorischen Stilmittel eingehen ...
  Nach diesem Fazit möchte ich noch ...
  Zu klären ist jetzt noch die Frage ...
  Ein weiterer Aspekt wird deutlich im nächsten Abschnitt ...
  Ein wichtiger Untersuchungsgesichtspunkt ist auch die Frage nach ...
  Zum Schluss möchte ich überprüfen ...
- Beispiele anführen/etwas nachweisen:
  Zum Beispiel gibt der Verfasser ...
  Nachweisen lässt sich dies an Folgendem ...
  Es gibt im gesamten Text deutliche Hinweise für die Vermutung, dass ...
- Eine Schlussfolgerung ziehen:
  Mein Resümee lautet ...
  Daraus ergibt sich mit einiger Schlüssigkeit ...
  Diese Details lassen sich in folgender Weise zusammenfassen ...
  Man kann daraus folgern ...

- Die eigene Meinung zum Ausdruck bringen:
  Es mag zwar zutreffen, dass ..., aber man kann auch behaupten ...
  Sicherlich kann man ..., aber auch diese Deutung ...
  Aufgrund meiner Textbefunde bin ich der Meinung ...
- Rhetorische Fragen stellen:
  Was ist daran besonders wichtig?
  Was fällt an der Überschrift besonders auf?
  Was ist sonst noch von Belang?

Konnektoren

Sprachliche Konnektoren können in einer Textanalyse und Texterörterung dazu dienen, Sätze und Abschnitte aufeinander zu beziehen, die Ausführungen zu verknüpfen und so die Darstellung sprachlich dichter und leserfreundlicher zu machen.

- Reihung/Ergänzung:
  außerdem, sowohl als auch, im Übrigen, darüber hinaus, auch, des Weiteren, weiterhin, genauso, schließlich, daneben, das ist, beziehungsweise, zusätzlich, ein weiterer Hinweis, man sollte auch berücksichtigen, ...
- Folgerung:
  dadurch, infolgedessen, so, sodass, dann, ...
- Zusammenfassung:
  alles in allem, zusammengefasst, im Ganzen, insgesamt, als Fazit ergibt sich, ...
- Erläuterung:
  nämlich, und zwar, das heißt, ...
- Begründung:
  infolgedessen, daher, dadurch, deshalb, denn, weil, aus diesem Grund, ...
- Einschränkung:
  das heißt jedoch nicht, demgegenüber ist festzustellen, obwohl, obgleich, obschon, allerdings, dennoch, andererseits, während, im Übrigen, ...
- Widerspruch/Gegensatz:
  trotzdem, trotz, stattdessen, dem ist zu widersprechen, ...
- Gegenüberstellung:
  einerseits – andererseits, auf der einen Seite – auf der anderen Seite, zum einen – zum anderen, nicht nur – sondern auch ..., zunächst – schließlich aber, ...
- Hervorhebung:
  vor allem, besonders, sogar, in besonderer Weise, ...

Einen Sachtext verstehen und mithilfe einer Skizze visualisieren

Franz K. Stanzel

Erzählsituationen

Es sind drei *typische Erzählsituationen* zu unterscheiden:
I. *Die auktoriale Erzählsituation.* Das auszeichnende Merkmal dieser Erzählsituation ist die Anwesenheit eines persönlichen, sich in Einmengung und Kommentaren zum Erzählten kundgebenden Erzählers. Dieser Erzähler scheint auf den ersten Blick mit dem Autor identisch zu sein. Bei genauerer Betrachtung wird jedoch fast immer eine eigentümliche Verfremdung der Persönlichkeit des Autors in der Gestalt des Erzählers sichtbar. Er weiß weniger, manchmal auch mehr, als vom Autor zu erwarten wäre, er vertritt gelegentlich Meinungen, die nicht unbedingt auch die des Autors sein müssen. Dieser auktoriale Erzähler ist also eine eigenständige Gestalt, die ebenso vom Autor geschaffen worden ist wie die Charaktere des Romans. Wesentlich für den auktorialen Erzähler ist, dass er als Mittelsmann der Geschichte einen Platz sozusagen an der Schwelle zwischen der fiktiven Welt des Romans und der Wirklichkeit des Autors und des Lesers einnimmt. Die der auktorialen Erzählsituation entsprechende Grundform des Erzählens ist die berichtende Erzählweise. Die szenische Darstellung, von der auch in einem Roman mit vorherrschend auktorialer Erzählsituation ausgiebiger Gebrauch gemacht werden kann, ordnet sich im Hinblick auf die in einem auktorialen Roman gegebene Orientierungslage des Lesers der berichtenden Erzählweise unter. Das Erzählte wird durchgehend als in der Vergangenheit liegend aufgefasst, das epische Präteritum behält seine Vergangenheitsbedeutung.

II. *Die Ich-Erzählsituation* unterscheidet sich von der auktorialen Erzählsituation zunächst darin, dass hier der Erzähler zur Welt der Romancharaktere gehört. Er selbst hat das Geschehen erlebt, miterlebt oder beobachtet oder unmittelbar von den eigentlichen Akteuren des Geschehens in Erfahrung gebracht. Auch hier herrscht die berichtende Erzählweise vor, der sich die szenische Darstellung unterordnet. [...]

III. *Die personale Erzählsituation.* Verzichtet der Erzähler auf seine Einmengungen in die Erzählung, tritt er so weit hinter den Charakteren des Romans zurück, dass seine Anwesenheit dem Leser nicht mehr bewusst wird, dann öffnet sich dem Leser die Illusion, er befände sich selbst auf dem Schauplatz des Geschehens oder er betrachte die dargestellte Welt mit den Augen einer Romanfigur, die jedoch nicht erzählt, sondern in deren Bewusstsein sich das Geschehen gleichsam spiegelt. Damit wird diese Romanfigur zur *persona*, zur Rollenmaske, die der Leser anlegt. [...]
Es ist vor allem die Illusion der Unmittelbarkeit, mit welcher das dargestellte Geschehen zur Vorstellung des Lesers wird, welche als charakteristisches Merkmal der personalen Erzählsituation anzusehen ist. (1993)

1. Lesen Sie den ersten Abschnitt des Textes. Erläutern Sie knapp mit eigenen Worten die Skizze zu diesem Abschnitt.

Zur auktorialen Erzählsituation:

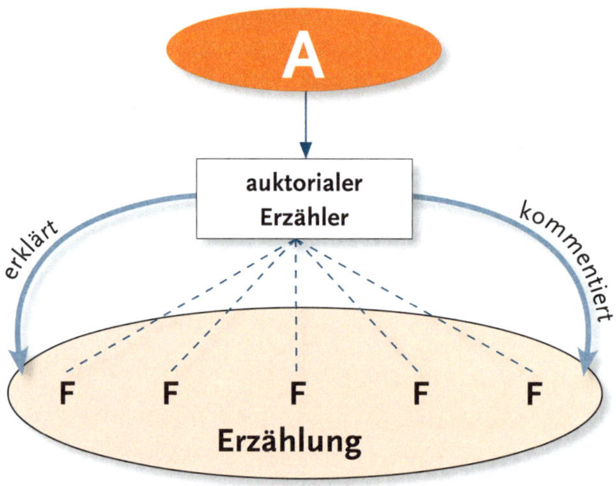

A = Autor
F = Figur (der Handlung)

2. Markieren Sie entsprechend der Skizze wichtige Signalausdrücke und -sätze im ersten Abschnitt des Textes „Erzählsituationen" von Franz K. Stanzel.

3. Markieren Sie auf ähnliche Weise wichtige Ausdrücke in den Abschnitten II und III und fassen Sie diese jeweils mithilfe einer Skizze zusammen.

Skizze zu Abschnitt II

Skizze zu Abschnitt III

④ Bestimmen Sie die Erzählhaltungen/Erzählsituationen der folgenden Anfänge von Novellen/Romanen. Ordnen Sie entsprechend zu (s. S. 24).

Heinrich von Kleist

Michael Kohlhaas

An den Ufern der Havel lebte, um die Mitte des sechzehnten Jahrhunderts, ein Rosshändler, namens *Michael Kohlhaas*, Sohn eines Schulmeisters, einer der rechtschaffensten zugleich und entsetzlichsten Menschen seiner Zeit. – Dieser außerordentliche Mann würde, bis in sein dreißigstes Jahr für das Muster eines guten Staatsbürgers haben gelten können. Er besaß in einem Dorfe, das noch von ihm den Namen führt, einen Meierhof, auf welchem er sich durch sein Gewerbe ruhig ernährte; die Kinder, die ihm sein Weib schenkte, erzog er, in der Furcht Gottes, zur Arbeitsamkeit und Treue; nicht einer war unter seinen Nachbarn, der sich nicht seiner Wohltätigkeit, oder seiner Gerechtigkeit erfreut hätte; kurz, die Welt würde sein Andenken haben segnen müssen, wenn er in einer Tugend nicht ausgeschweift hätte. Das Rechtsgefühl aber machte ihn zum Räuber und Mörder. (1810)

Theodor Storm

Viola tricolor

Es war sehr still in dem großen Hause; aber selbst auf dem Flur spürte man den Duft von frischen Blumensträußen. Aus einer Flügeltür, der breiten, in das Oberhaus hinaufführenden Treppe gegenüber, trat eine alte, sauber gekleidete Dienerin. Mit einer feierlichen Selbstzufriedenheit drückte sie hinter sich die Tür ins Schloss und ließ dann ihre grauen Augen an den Wänden entlangstreifen, als wolle sie auch hier jedes Stäubchen noch einer letzten Musterung unterziehen; aber sie nickte beifällig und warf dann einen Blick auf die alte englische Hausuhr, deren Glockenspiel eben zum zweiten Mal seinen Satz abgespielt hatte. „Schon halb!“, murmelte die Alte; „und um acht, so schrieb der Herr Professor, wollten die Herrschaften da sein!“ (1873)

Günter Grass

Die Blechtrommel

Zugegeben: ich bin Insasse einer Heil- und Pflegeanstalt, mein Pfleger beobachtet mich, läßt mich kaum aus dem Auge; denn in der Tür ist ein Guckloch, und meines Pflegers Auge ist von jenem Braun, welches mich, den Blauäugigen, nicht durchschauen kann. Mein Pfleger kann also gar nicht mein Feind sein. Liebgewonnen habe ich ihn, erzähle dem Gucker hinter der Tür, sobald er mein Zimmer betritt, Begebenheiten aus meinem Leben, damit er mich trotz des ihn hindernden Guckloches kennenlernt. (1959)

(Aus lizenzrechtlichen Gründen folgt dieser Text nicht der reformierten Rechtschreibung.)

	Erzählsituation (I – III)	Merkmale (a – i)
„Michael Kohlhaas“		
„Viola tricolor“		
„Die Blechtrommel“		

Merkmale

a) keine vermittelnde Instanz
b) Leser verfällt der Illusion, selbst am Schauplatz der Handlung zu sein
c) Allwissenheit des Erzählers
d) gehört als Figur neben den anderen Figuren zum Figureninventar und zum Handlungszusammenhang
e) Annäherung an Wirklichkeitsbericht, oft Form des Tagesbuchs, Briefes
f) Erzählereinmischungen, wie Anrede des Lesers oder reflektierende Abschweifungen
g) Anschein, dass eigene Erfahrungen erzählt werden
h) Einblick ins Innere einer Figur
i) Eindruck der Unmittelbarkeit durch Verwendung direkter Rede

5 Nennen Sie in knapper Form Typisches im jeweiligen Text.

„Michael Kohlhaas“: ______________________________

____

____

„Viola tricolor“: ______________________________

____

____

„Die Blechtrommel“: ______________________________

____

____

6 Bestimmen Sie die Erzählsituation (nach Franz K. Stanzel) für die folgenden Texte: Peter Bichsel, „San Salvador“ (S. 36), Heinrich von Kleist, „Das Bettelweib von Locarno“ (S. 25 ff.).

____

____

____

____

____

____

Literarische Texte

Den Inhalt eines literarischen Textes wiedergeben

Heinrich von Kleist

Das Bettelweib von Locarno

Einleitung und Vorgeschichte

siehe auch Schlussteil

Am Fuße der Alpen, bei Locarno im oberen Italien, befand sich ein altes, einem Marchese gehöriges Schloss, das man jetzt, wenn man vom St. Gotthard kommt, in Schutt und Trümmern liegen sieht: ein Schloss mit hohen und weitläufigen Zimmern, in deren einem einst, auf Stroh, das man ihr unterschüttete, eine alte kranke Frau, die sich bettelnd vor der Tür eingefunden hatte, von der Hausfrau, aus Mitleiden, gebettet worden war. Der Marchese, der, bei der Rückkehr von der Jagd, zufällig in das Zimmer trat, wo er seine Büchse abzusetzen pflegte, befahl der Frau unwillig, aus dem Winkel, in welchem sie lag, aufzustehn und sich hinter den Ofen zu verfügen. Die Frau, da sie sich erhob, glitschte mit der Krücke auf dem glatten Boden aus und beschädigte sich, auf eine gefährliche Weise, das Kreuz; dergestalt, dass sie zwar noch mit unsäglicher Mühe aufstand und quer, wie es ihr vorgeschrieben war, über das Zimmer ging, hinter dem Ofen aber, unter Stöhnen und Ächzen, niedersank und verschied.

Mehrere Jahre nachher, da der Marchese, durch Krieg und Misswachs, in bedenkliche Vermögensumstände geraten war, fand sich ein florentinischer Ritter bei ihm ein, der das Schloss, seiner schönen Lage wegen, von ihm kaufen wollte. Der Marchese, dem viel an dem Handel gelegen war, gab seiner Frau auf, den Fremden in dem obenerwähnten, leerstehenden Zimmer, das sehr schön und prächtig eingerichtet war, unterzubringen. Aber wie betreten war das Ehepaar, als der Ritter mitten in der Nacht, verstört und bleich, zu ihnen herunterkam, hoch und teuer versichernd, dass es in dem Zimmer spuke, indem etwas, das dem Blick unsichtbar gewesen, mit einem Geräusch, als ob es auf Stroh gelegen, im Zimmerwinkel aufgestanden, mit vernehmlichen Schritten, langsam und gebrechlich, quer über das Zimmer gegangen und hinter dem Ofen, unter Stöhnen und Ächzen, niedergesunken sei.

Der Marchese, erschrocken, er wusste selbst nicht recht warum, lachte den Ritter mit erkünstelter Heiterkeit aus und sagte, er wolle sogleich aufstehn und die Nacht, zu seiner Beruhigung, mit ihm in dem Zimmer zubringen. Doch der Ritter bat um die Gefälligkeit, ihm zu erlauben, dass er, auf einem Lehnstuhl, in seinem Schlafzimmer übernachte, und als der Morgen kam, ließ er anspannen, empfahl sich und reiste ab. Dieser Vorfall, der außerordentliches Aufsehen machte, schreckte, auf eine dem Marchese höchst unangenehme Weise, mehrere Käufer ab; dergestalt, dass, da sich unter seinem eignen Hausgesinde, befremdend und unbegreiflich, das Gerücht erhob, dass es in dem Zimmer, zur Mitternachtsstunde, umgehe, er, um es mit einem entscheidenden Verfahren niederzuschlagen, beschloss, die Sache in der nächsten Nacht selbst zu untersuchen. Demnach ließ er, beim Einbruch der Dämmerung, sein Bett in dem besagten Zimmer aufschlagen und erharrte, ohne zu schlafen, die Mitternacht. Aber wie erschüttert war er, als er in der Tat, mit dem Schlage der Geisterstunde, das unbegreifliche Geräusch wahrnahm; es war, als ob ein Mensch sich von Stroh, das unter ihm knisterte, erhob, quer über das Zimmer ging und hinter dem Ofen, unter Geseufz und Geröchel, niedersank. Die Marquise, am andern Morgen, da er herunterkam, fragte ihn, wie die Untersuchung abgelaufen; und da er sich, mit scheuen und ungewissen Blicken, umsah und, nachdem er die Tür verriegelt, versicherte, dass es mit dem Spuk seine Richtigkeit habe, so erschrak sie, wie sie in ihrem Leben nicht getan, und bat ihn, bevor er die Sache verlauten ließe, sie noch einmal, in ihrer Gesellschaft, einer kaltblütigen Prüfung zu unterwerfen. Sie hörten aber, samt einem treuen Bedienten, den sie mitgenommen hatten, in der Tat, in der nächsten Nacht, dasselbe unbegreifliche, gespensterartige Geräusch; und nur der dringende Wunsch, das Schloss, es koste was es wolle, loszuwerden, vermochte sie, das Entsetzen, das sie ergriff, in Gegenwart

ihres Dieners zu unterdrücken und dem Vorfall irgendeine gleichgültige und zufällige Ursache, die sich entdecken lassen müsse, unterzuschieben. Am Abend des dritten Tages, da beide, um der Sache auf den Grund zu kommen, mit Herzklopfen wieder die Treppe zu dem Fremdenzimmer bestiegen, fand sich zufällig der Haushund, den man von der Kette losgelassen hatte, vor der Tür desselben ein; dergestalt, dass beide, ohne sich bestimmt zu erklären, vielleicht in der unwillkürlichen Absicht, außer sich selbst noch etwas Drittes, Lebendiges, bei sich zu haben, den Hund mit sich in das Zimmer nahmen. Das Ehepaar, zwei Lichter auf dem Tisch, die Marquise unausgezogen, der Marchese Degen und Pistolen, die er aus dem Schrank genommen, neben sich, setzten sich, gegen elf Uhr, jeder auf sein Bett; und während sie sich mit Gesprächen, so gut sie vermögen, zu unterhalten, suchen, legt sich der Hund, Kopf und Beine zusammengekauert, in der Mitte des Zimmers nieder und schläft ein. Drauf, in dem Augenblick der Mitternacht, lässt sich das entsetzliche Geräusch wieder hören; jemand, den kein Mensch mit Augen sehen kann, hebt sich, auf Krücken, im Zimmerwinkel empor; man hört das Stroh, das unter ihm rauscht; und mit dem ersten Schritt: tapp! tapp! erwacht der Hund, hebt sich plötzlich, die Ohren spitzend, vom Boden empor, und knurrend und bellend, grad als ob ein Mensch auf ihn eingeschritten käme, rückwärts gegen den Ofen weicht er aus. Bei diesem Anblick stürzt die Marquise, mit sträubenden Haaren, aus dem Zimmer; und während der Marchese, der den Degen ergriffen: „Wer da?“, ruft und, da ihm niemand antwortet, gleich einem Rasenden, nach allen Richtungen die Luft durchhaut, lässt sie anspannen, entschlossen, augenblicklich nach der Stadt abzufahren.

Tempuswechsel

Aber ehe sie noch nach Zusammenraffung einiger Sachen aus dem Tore herausgerasselt, sieht sie schon das Schloss ringsum in Flammen aufgehen. Der Marchese, von Entsetzen überreizt, hatte eine Kerze genommen und dasselbe, überall mit Holz getäfelte wie es war, an allen vier Ecken, müde seines Lebens, angesteckt. Vergebens schickte sie Leute hinein, den Unglücklichen zu retten; er war auf die elendiglichste Weise bereits umgekommen, und noch jetzt liegen, von den Landleuten zusammengetragen, seine weißen Gebeine in dem Winkel des Zimmers, von welchem er das Bettelweib von Locarno hatte aufstehen heißen. (1811)

Tempuswechsel

siehe auch Einleitung

1 Lesen Sie den Text aufmerksam und lösen Sie die folgenden Aufgaben:

- Nennen Sie die wichtigen Figuren der Handlung.

- Welche Personen werden nur kurz erwähnt?

- Wo spielt das Geschehen?

____

- Welche zeitlichen Zusammenhänge werden im Einleitungs- und Schlussteil des Textes hergestellt?

____

____

- Welchen ungefähren Handlungszeitraum umfasst der gesamte Text?

____

- Welchen Handlungszeitraum umfassen die im Hauptteil erzählten Geschehnisse?

____

- Worum geht es im Einzelnen? Füllen Sie die Lücken des folgenden Textes aus:

Ein Marchese, Besitzer eines ______ in der Nähe von ______, verhält sich unmenschlich gegenüber einer ______. Er befiehlt ihr, sich aus dem Winkel eines Zimmers im Schloss, in dem man sie – wie ein Stück Vieh – auf ______ gebettet hatte, aufzustehen und sich ______ zu verfügen. Die Bettlerin kommt diesem Befehl nach, ______, verletzt sich schwer, schleppt sich noch mühsam bis ______ und stirbt dort unter Qualen. ______ danach macht sich in diesem Zimmer ein ______ bemerkbar, der an die ______ und ihr qualvolles ______ erinnert. Das Ausgangsgeschehen wiederholt sich als Spuk ______. Durch den Spuk „von Entsetzen überreizt", steckt schließlich der ______ sein Schloss selbst in Brand und kommt ______ um. Eine Deutung des Geschehens wird dem ______ überlassen.

2 Aktivieren Sie Ihr Wissen über Kurzprosa (kurze erzählende Texte). Was ist für diese kurze Erzählung textartentypisch?

____

____

____

____

____

3 Ergänzen Sie im Text (S. 25 ff.) Markierungen im Sinne der oben genannten Zusammenhänge. Nutzen Sie auch die Möglichkeit von Randnotizen.

Information

Die schriftliche Inhaltsangabe

Die schriftliche Inhaltsangabe ist im eigentlichen Sinne keine eigenständige Textsorte, sondern wichtiger Bestandteil von Erörterungen, Rezensionen, Analysen und Interpretationen. Das „Reformulieren" unterschiedlicher Texte mit unterschiedlichem Komplexitätsgrad ist daher auch eine Aufgabe für die Oberstufe. Während Problem- oder Erörterungstexte (Sachtexte, s. S. 8) vor allem eine Zusammenfassung des Gedankenganges verlangen, geht es bei der schriftlichen Inhaltsangabe eines erzählenden und handlungsintensiven Textes – wie bei diesem Beispiel von Heinrich von Kleist – darum, den Leser über wichtige Zusammenhänge (wie Thematik, Handlungsabfolge, Personen, Ort, Zeit) zu informieren. Der Leser erwartet eine objektive, neutrale Darstellung ohne Wertungen und persönliche Ansichten. Der Inhalt wird mit eigenen Worten in der 3. Person und im Präsens (bei Vorzeitigkeit: Perfekt) wiedergegeben. Direkte, wörtliche Rede wird in indirekter Rede wiedergegeben.
Eine Inhaltsangabe kann man in folgender Weise gliedern:

Einleitung
Titel, Autor, Erscheinungsjahr, Textart, knappe Zusammenfassung von Thematik/Inhalt
Hauptteil
Detailinformationen über die bereits in der Inhaltsangabe erwähnten Zusammenhänge, Orientierung an der Chronologie der Handlungsschritte: Ablauf der Handlung, Personen und ihre Beziehungen, Ort und Zeit der Handlung
Schlussteil
Nicht immer ist ein Schlussteil notwendig, weil oft schon im Hauptteil eine Zusammenfassung gegeben worden ist. Möglich ist z. B. eine knappe Formulierung zur Aussage des Textes.

Die folgende Inhaltsangabe stammt von einer Schülerin:

Inhaltsangabe zu Heinrich von Kleist: Das Bettelweib von Locarno

In der Erzählung von Heinrich von Kleist „Das Bettelweib von Locarno", zum ersten Mal im Jahre 1811 erschienen, geht es darum, dass ein Adliger, Besitzer eines Schlosses bei Locarno, durch sein unbarmherziges Verhalten einen Spuk auslöst und dadurch sein Ende findet. Einer alten kranken Bettlerin wird in einem Schloss bei Locarno, das einem Marchese gehört, von dessen Frau aus Mitleid in einem Winkel einer der vielen Räume Unterschlupf gewährt. Man richtet ihr dazu ein Lager aus Stroh ein. Als der Marchese von der Jagd zurückkehrt, entdeckt er in dem Raum zufällig die Bettlerin und befiehlt ihr unwillig, sie solle ihren Platz verlassen und sich hinter den Ofen begeben. Als diese dem Befehl nachkommt, rutscht sie aus und verletzt sich dabei schwer. Sie erreicht noch mit großer Mühe und unter Schmerzenslauten den angewiesenen Platz, sinkt dort nieder und stirbt. Mehrere Jahre später gerät der Marchese in Not, sodass er sein Schloss zum Verkauf anbietet. Ein florentinischer Ritter, der sich als Kaufinteressent einfindet, übernachtet in dem gleichen Raum, in dem seinerzeit die Bettlerin gestorben ist. Mitten in der Nacht sucht jedoch der verstörte Ritter den Marchese auf und berichtet, in dem Zimmer spuke es; eine unsichtbare Gestalt, die auf Stroh gelegen habe, sei aufgestanden, quer durch das Zimmer gegangen und hinter dem Ofen unter Schmerzenslauten zusammengebrochen. Der Marchese versucht, den Ritter zu beruhigen, doch dieser will den Rest der Nacht im Zimmer des Marchese verbringen; am nächsten Morgen reist er ab. Das Gerücht, es spuke im Schloss, schreckt mehrere Kaufinteressenten ab. Der Marchese will daher der Sache selbst auf den Grund gehen und verbringt eine Nacht in dem besagten Zimmer. Er ist erschüttert, als auch er um Mitternacht die Spukgeräusche wahrnimmt. Die Marquise reagiert erschrocken auf die Schilderungen ihres Mannes; dennoch entschließen sich beide, in der folgenden Nacht, zusammen mit einem treuen Bedienten, noch einmal den Spuk zu überprüfen. Ihr Entsetzen über den erneuten Spuk versuchen sie, in der Gegenwart des Dieners zu unterdrücken. In der folgenden Nacht schließlich wollen der Marchese und seine Frau der Sache endgültig auf den Grund gehen, deshalb nehmen Sie den Haushund mit auf das Zimmer. Der Marchese legt Degen und Pistolen bereit. Man stellt zwei Lichter auf den Tisch. Um Mitternacht sind wieder die Geräusche zu hören; der Hund knurrt und bellt, weicht offenbar einer Gestalt aus, die nicht zu sehen ist. Die Marquise rennt wie gehetzt aus dem Zimmer, der Marchese haut nach allen Richtungen mit seinem Degen durch die Luft. Als die Marquise in großer Eile mit einem Wagen in die Stadt aufbricht, sieht sie das Schloss, das der Marchese selbst in Brand gesetzt hat, in hellen Flammen stehen. Rettungsversuche misslingen; der Marchese kommt um, seine Knochen liegen noch später genau in dem Winkel der Schlossruine, von welchem er der Bettlerin befohlen hatte, aufzustehen. Die Erzählung endet offen; eine Deutung wird dem Leser überlassen.

(4) Lesen Sie die Inhaltsangabe der Schülerin aufmerksam durch. Beurteilen Sie, inwieweit die Kriterien zur Inhaltsangabe (S. 29) angemessen berücksichtigt worden sind. Nehmen Sie ggf. Markierungen vor und machen Sie Randnotizen.

(5) Gliedern Sie den Text, indem Sie Abschnitte machen; kennzeichnen Sie diese im Text durch folgendes Zeichen: ⌐

(6) Unterstreichen Sie im Text der Schülerin die indirekte Rede.

(7) Beachten Sie die sprachliche Gestaltung des Textes, vor allem den Satzbau. Markieren Sie dazu im Text Konjunktionen und Relativpronomen sowie andere Gliederungssignale, mit denen die logische Verknüpfung von Handlungsteilen und Inhaltszusammenhängen verdeutlicht wird. Beachten Sie dazu den folgenden Infokasten:

Information

In **Inhaltsangaben** lassen sich **inhaltliche und logische Zusammenhänge mithilfe von Satzgefügen** (Verbindungen von Haupt- und Nebensätzen) besonders gut wiedergeben.

- Nebensätze können Relativsätze sein.
  Beispiel: Die Vierzehnjährige, *die nicht mehr bei ihrer Mutter, sondern bei Freunden in Berlin wohnt,* erhält eines Tages einen Anruf ...
- Nebensätze können auch – als konjunktionale Nebensätze – durch Konjunktionen eingeleitet werden, die unterschiedliche Bedeutungszusammenhänge zum Ausdruck bringen: Grund (*weil*), Gegensatz (*obgleich*), Zeit (*während, als, nachdem*).
  Beispiel: *Weil das Mädchen ihren Vater kaum kennt,* traut sie sich nicht, ihn um Geld zu bitten.

Wichtig sind für den sprachlichen Zusammenhang einer Inhaltsangabe auch **Gliederungssignale** wie *schließlich, dann, darauf, allerdings, außerdem ...*

Weitere Trainingsmöglichkeit

1. Visualisieren Sie die Inhaltsstruktur der folgenden Kurzgeschichte „Ein netter Kerl" von Gabriele Wohmann, indem Sie die Skizze ausfüllen (S. 32).
2. Fassen Sie danach den Inhalt der Kurzgeschichte in schriftlicher Form zusammen; beachten Sie die auf S. 9 und oben genannten Kriterien.

Gabriele Wohmann

Ein netter Kerl

Ich habe ja so wahnsinnig gelacht, rief Nanni in einer Atempause. Genau wie du ihn beschrieben hast, entsetzlich.

Furchtbar fett für sein Alter, sagte die Mutter. Er sollte vielleicht Diät essen. Übrigens, Rita, weißt du, ob er ganz gesund ist?

Rita setzte sich gerade und hielt sich mit den Händen am Sitz fest. Sie sagte: Ach, ich glaub schon, daß er gesund ist. Genau wie du es erzählt hast, weich wie ein Molch, wie Schlamm, rief Nanni. Und auch die Hand, so weich.

Aber er hat dann doch auch wieder was Liebes, sagte Milene, doch, Rita, ich finde, er hat was Liebes, wirklich.

Na ja, sagte die Mutter, beschämt fing auch sie wieder an zu lachen; recht lieb, aber doch gräßlich komisch. Du hast nicht zu viel versprochen, Rita, wahrhaftig nicht. Jetzt lachte sie laut heraus. Auch hinten im Nacken hat er schon Wammen, wie ein alter Mann, rief Nanni. Er ist ja so fett, so weich, so weich! Sie schnaubte aus der kurzen Nase, ihr kleines Gesicht sah verquollen aus vom Lachen.

Rita hielt sich am Sitz fest. Sie drückte die Fingerkuppen fest ans Holz.

Er hat so was Insichruhendes, sagte Milene. Ich find ihn so ganz nett, Rita, wirklich, komischerweise.

Nanni stieß einen winzigen Schrei aus und warf die Hände auf den Tisch; die Messer und Gabeln auf den Tellern klirrten.

Ich auch, wirklich, ich find ihn auch nett, rief sie. Könnt ihn immer ansehen und mich ekeln.

Der Vater kam zurück, schloß die Eßzimmertür, brachte kühle nasse Luft mit hinein. Er war ja so ängstlich, daß er seine letzte Bahn noch kriegt, sagte er. So was von ängstlich.

Er lebt mit seiner Mutter zusammen, sagte Rita.

Sie platzten alle heraus, auch Milene. Das Holz unter Ritas Fingerkuppen wurde klebrig. Sie sagte: Seine Mutter ist nicht ganz gesund, soviel ich weiß.

Das Lachen schwoll an, türmte sich vor ihr auf, wartete und stürzte sich dann herab, es spülte über sie weg und verbarg sie: lang genug für einen kleinen Frieden.

Als erste brachte die Mutter es fertig, sich wieder zu fassen.

Nun aber Schluß, sagte sie, ihre Stimme zitterte, sie wischte mit einem Taschentuchklümpchen über die Augen und die Lippen. Wir können ja endlich mal von was anderem reden.

Ach, sagte Nanni, sie seufzte und rieb sich den kleinen Bauch, ach, ich bin erledigt, du liebe Zeit. Wann kommt die große fette Qualle denn wieder, sag, Rita, wann denn? Sie warteten alle ab.

Er kommt von jetzt an oft, sagte Rita. Sie hielt den Kopf aufrecht.

Ich habe mich verlobt mit ihm.

Am Tisch bewegte sich keiner. Rita lachte versuchsweise und dann konnte sie es mit großer Anstrengung lauter als die anderen und sie rief: Stellt euch das doch bloß mal vor: mit ihm verlobt! Ist das nicht zum Lachen!

Sie saßen gesittet und ernst und bewegten vorsichtig Messer und Gabeln.

He, Nanni, bist du mir denn nicht dankbar, mit der Qualle hab ich mich verlobt, stell dir das doch mal vor! Er ist ja ein netter Kerl, sagte der Vater. Also höflich ist er, das muß man ihm lassen.

Ich könnte mir denken, sagte die Mutter ernst, daß er menschlich angenehm ist, ich meine, als Hausgenosse oder so, als Familienmitglied. Er hat keinen üblen Eindruck auf mich gemacht, sagte der Vater.

Rita sah sie alle behutsam dasitzen, sie sah gezähmte Lippen. Die roten Flecken in den Gesichtern blieben noch eine Weile.

Sie senkten die Köpfe und aßen den Nachtisch. (1978)

(Aus lizenzrechtlichen Gründen folgt dieser Text nicht der reformierten Rechtschreibung.)

1. Teil

Nanni:

Milene:

Mutter:

Vater:

Ritas Bekannter

2. Teil

Ritas Verlobter

Vater:

Mutter:

Produktionsorientiert interpretieren: durch Eingreifen einen Text deuten

Methode

Produktionsorientiertes Interpretieren

Auch durch Umschreiben, Weiterschreiben oder Neuschreiben eines Textes kann – außer durch die übliche Analyse – ein Textverstehen erreicht werden. Man erhält so z. B. die Möglichkeit,
- vom Autor nicht näher ausgeführte „Leerstellen" bzw. Andeutungen im Text auszufüllen,
- die psychische Lage einer Figur des Textes zu erkunden,
- mit der Erzählsituation/der Erzählhaltung/Erzählperspektive zu experimentieren und so den Zusammenhang von sprachlicher Form und Rolle des Erzählers zu verdeutlichen.

Man unterscheidet dabei
- innertextliche Ergänzungen,
- außertextliche Ergänzungen.

In jedem Fall ist ein solches Schreiben nie Selbstzweck, sondern dient der Deutung des authentischen Textes. Dazu kann man zum Beispiel auch
- eine Fortsetzung des Textes verfassen,
- einen Gegentext verfassen, um eine darstellerische Entscheidung des Verfassers zu ändern und diese Änderung und deren Wirkung mit dem Ausgangstext vergleichen,
- einen im Ausgangstext nicht ausgeführten oder nur kurz angedeuteten Monolog oder Dialog verfassen, um die Motive von Figuren zu ergründen,
- einen Figurenbrief oder einen Tagebucheintrag verfassen, um die Betroffenheit einer Figur zu verdeutlichen,
- einen Textartenwechsel vornehmen, d. h., das Geschehen von einer neuen Figur in anderer Form darstellen lassen.

(1) Lesen Sie den Text „Ein netter Kerl" von Gabriele Wohmann (S. 31) genau; füllen Sie den folgenden Lückentext aus.

Es geht in der ______________________ „Ein netter Kerl" vor allem um die Reaktionen von ____________________ und Eltern auf den Bekannten, den ______________, eine der drei Töchter, ihrer Familie vorgestellt hat und der gerade wieder das Haus verlassen hat.

Der Text hat zwei Teile. Im ersten Teil geben die Familienmitglieder beleidigende ______________________ über Ritas Bekannten ab. Besonders herabsetzend sind die Bemerkungen der Schwester __________________. Rita ist __________________, sie wehrt sich aber nicht direkt, sondern eröffnet ihrer Familie, dass sie sich mit ihrem Bekannten ____________________. Im damit beginnenden zweiten Teil der Kurzgeschichte ändern die ________________ ihr verbales Verhalten. Die Kurzgeschichte endet ____________________; die gestörten ______________________ zwischen den Familienangehörigen werden nicht ________________.

Mit dem folgenden Text hat eine Schülerin den Ausgangstext „Ein netter Kerl“ (S. 31) umgeschrieben und damit in schriftlicher Form gedeutet.

Wir sind verlobt

Nach dem Aussehen meines Bekannten gefragt, hatte ich zu Hause wohl mal verlauten lassen, er sei nicht sonderlich schlank. Heute war er also zum ersten Mal bei uns zu Hause. Ich wollte ihn einfach mal vorstellen. Vater bringt ihn gerade zur Bahn; er ist also schon weg, Vater noch nicht zurückgekommen. Und schon geht es los! Nanni ist die Schlimmste! Richtig gemein und niederträchtig ... „Weich wie ein Molch“, meint sie, „wie Schlamm ... Könnt ihn immer ansehen und mich ekeln!“ Dabei beruft sie sich offenbar auf das, was ich gesagt habe. Mutter auch. Niemals aber habe ich die Ausdrücke „fett“ oder „komisch“ gebraucht, wenn ich von ihm berichtet habe. Ich versuche, Nannis Worte einfach an mir abprallen zu lassen. Es gelingt mir nicht; ich halte mich krampfhaft am Holz meines Sitzes fest. Mutter stößt jetzt ins gleiche Horn: „Furchtbar fett für sein Alter.“ Sie fragt sogar, ob er gesund sei. Gehorsam wie ein Schulmädchen antworte ich leise, wobei meine Stimme leicht zittert, dass er meiner Meinung nach gesund sei. Milene ist vorsichtiger mit ihren Ausdrücken. Nur Taktik? Sie finde „ihn so ganz nett ... komischerweise“. Was soll denn das heißen „so ganz nett“ und „komischerweise“? Und dann Milenes Bemerkungen, er habe „etwas Liebes“ und „etwas Insichruhendes“. Steht Milene auf meiner Seite? Oder ist das Ironie, eine hintergründige Form der Boshaftigkeit? Ich bin entsetzt, betroffen, von gegensätzlichen Gefühlen hin- und hergerissen, fühle, wie mich die kalte Wut packt, wie es mir abwechselnd heiß und kalt wird. Wie kann ich mich wehren gegen solche Bösartigkeit? Und das in *meiner* Familie! Ich presse meine Fingerkuppen an das Holz. Jetzt kommt Vater zurück. Er bemerkt lapidar, wie ängstlich mein Bekannter gewesen sei, um die letzte Bahn noch zu bekommen. Ich lasse mich zu der Bemerkung hinreißen, er lebe mit seiner Mutter zusammen; dies löst bei meinen Geschwistern und Eltern spontanes Lachen aus, das sich bis zu Lachkrämpfen steigert. Auch Milene lacht mit. Ich habe es gewusst; auch sie also ... In das Lachen hinein sage ich noch: „Seine Mutter ist nicht ganz gesund.“ Sie lachen weiter; ihre Heiterkeit ist der reine Hohn, nicht zu stoppen. Mutter fasst sich als Erste wieder; Nanni fragt, wann die „große, fette Qualle“ wiederkomme. Jetzt reicht es; ich weiß, dass ich jetzt etwas sagen muss, das alle schockt, ich muss diesen Verhöhnungen etwas entgegenschleudern. Ich richte mich auf. Innerlich. „Von jetzt an oft ...“, höre ich mich mit fester, fast gleichmütig klingender Stimme sagen, „... ich habe mich verlobt mit ihm ... Ist das nicht zum Lachen?“ – – – Das saß! Schock! Ruhe! Keiner bewegt sich. Oder hätte ich sagen sollen: „Ich liebe ihn, so wie er ist.“ Aber liebe ich ihn wirklich? Das weiß ich ja selbst nicht so genau. Und dann sage ich laut, angestrengt lustig: „He, Nanni, was sagst du nun? ... Die fette Qualle mein Verlobter!“ Keine Antwort. Auch Milene sagt nichts. Vater murmelt jetzt etwas von „netter Kerl“ und „höflich ist er“. Mutter, plötzlich ernst geworden, meint, er sei sicher „menschlich angenehm, als Hausgenosse oder so“ und er habe „keinen üblen Eindruck“ gemacht. Dieses „oder so“ ist natürlich wieder ganz typisch! Was für eine Heuchelei! Ich könnte schreien, aber ich sage nichts mehr. Keiner sagt mehr was. Ich werde ausziehen.

(Johanna Katharina Auerbach)

2 Beschreiben Sie die Darstellung der Schülerin im Vergleich zum authentischen Ausgangstext der Schriftstellerin Gabriele Wohmann. Welche Unterschiede und Akzentsetzungen sehen Sie? Kreuzen Sie die Ihrer Meinung nach richtigen Aussagen an. Vergleichen Sie mit den Hinweisen im Lösungsheft.

- ☐ a) Der Ich-Erzähler ist selbst eine der Personen, die in der Kurzgeschichte eine Rolle spielen.
- ☐ b) Als Personenrede wird unter anderem die Form des inneren Monologs eingesetzt.
- ☐ c) Das Geschehen wird in neutraler Weise dargestellt.

- [ ] d) Der Erzähler zeigt überdeutlich seine Gefühle; er stellt das Geschehen selbst als Betroffener dar.
- [ ] e) Das Beziehungsverhalten der anderen Personen wird bewertet.
- [ ] f) Es wird eine allwissende Erzählsituation realisiert.
- [ ] g) Durch den Gebrauch der direkten Rede erweckt der Ich-Erzähler den Eindruck von Unmittelbarkeit.
- [ ] h) Der Ich-Erzähler spricht den Leser direkt an und vermittelt ihm dadurch das Geschehen.

3 Erläutern Sie in kurzer Form, welche besonderen Möglichkeiten und Akzente der Alternativtext aufweist und in welcher Weise er den Ausgangstext von Gabriele Wohmann deutet.

Einen literarischen Text mithilfe von Fragen erschließen; einen Entwurf überarbeiten

Peter Bichsel

San Salvador[1]

Er hatte sich eine Füllfeder gekauft.

Nachdem er mehrmals seine Unterschrift, dann seine Initialen, seine Adresse, einige Wellenlinien, dann die Adresse seiner Eltern auf ein Blatt gezeichnet hatte, nahm er einen neuen Bogen, faltete ihn sorgfältig und schrieb: „Mir ist es hier zu kalt“, dann, „ich gehe nach Südamerika“, dann hielt er inne, schraubte die Kappe auf die Feder, betrachtete den Bogen und sah, wie die Tinte eintrocknete und dunkel wurde (in der Papeterie garantierte man, dass sie schwarz werde), dann nahm er seine Feder erneut zur Hand und setzte noch großzügig seinen Namen Paul darunter.

Dann saß er da.

Später räumte er die Zeitungen vom Tisch, überflog dabei die Kinoinserate, dachte an irgendetwas, schob den Aschenbecher beiseite, zerriss den Zettel mit den Wellenlinien, entleerte seine Feder und füllte sie wieder. Für die Kinovorstellung war es jetzt zu spät.

Die Probe des Kirchenchores dauert bis neun Uhr, um halb zehn würde Hildegard zurück sein. Er wartete auf Hildegard. Zu all dem Musik aus dem Radio. Jetzt drehte er das Radio ab.

Auf dem Tisch, mitten auf dem Tisch, lag nun der gefaltete Bogen, darauf stand in blauschwarzer Schrift sein Name Paul.

„Mir ist es hier zu kalt“, stand auch darauf.

Nun würde also Hildegard heimkommen, um halb zehn. Es war jetzt neun Uhr. Sie läse seine Mitteilung, erschräke dabei, glaubte wohl das mit Südamerika nicht, würde dennoch die Hemden im Kasten zählen, etwas müsste ja geschehen sein.

Sie würde in den „Löwen“ telefonieren.

Der „Löwe“ ist mittwochs geschlossen.

Sie würde lächeln und verzweifeln und sich damit abfinden, vielleicht.

Sie würde sich mehrmals die Haare aus dem Gesicht streichen, mit dem Ringfinger der linken Hand beidseitig der Schläfe entlangfahren, dann langsam den Mantel aufknöpfen.

Dann saß er da, überlegte, wem er einen Brief schreiben könnte, las die Gebrauchsanweisung für den Füller noch einmal – leicht nach rechts drehen –, las auch den französischen Text, verglich den englischen mit dem deutschen, sah wieder seinen Zettel, dachte an Palmen, dachte an Hildegard.

Saß da.

Und um halb zehn kam Hildegard und fragte: „Schlafen die Kinder?“

Sie strich sich die Haare aus dem Gesicht. (1964)

---

[1] San Salvador (übersetzt: heiliger Erretter) heißt die Hauptstadt des mittelamerikanischen Staates El Salvador; ebenso Name einer Bahamainsel, auf der Kolumbus am 12.10.1492 landete und erstmals amerikanischen Boden betrat.

Deutungshypothesen benennen und formulieren

1. Lesen Sie den Text in überfliegender Form. Versuchen Sie einen ersten Deutungsansatz, indem Sie ankreuzen, um welche Themenschwerpunkte es in diesem Text gehen könnte.

- [ ] Paul ist mit seinen Kindern allein zu Haus; seine Frau Hildegard ist nicht da.
- [ ] Paul ergeht sich in Fluchtfantasien, die er aber nicht in die Tat umsetzt.
- [ ] Paul fühlt sich einsam, weil er in seinem gegenwärtigen Alltagsleben keinen Sinn mehr sieht.
- [ ] Paul stellt sich die Reaktionen seiner Frau vor, wenn er nicht mehr da wäre.
- [ ] Pauls Beziehung zu seiner Ehefrau ist erkaltet; er sehnt sich nach Wärme.
- [ ] Paul schreibt wiederholt seinen Namen aufs Papier; diese Beschäftigung wirkt gelangweilt, eintönig und sinnlos.

2. Lesen Sie den Text noch einmal genau, möglicherweise mehrmals; formulieren Sie im Hinblick auf Pauls Verhalten Warum-Fragen, die die Mehrdeutigkeit der Zusammenhänge verdeutlichen.

Warum will Paul fort? ______________________________

____

____

____

____

____

____

____

____

____

____

____

____

____

Den Text markieren

Peter Bichsel

San Salvador

Überschrift: symbolisch? (Errettung? Aufbruch in eine andere Welt?)

Er hatte sich eine Füllfeder gekauft.

Nachdem er mehrmals seine Unterschrift, dann seine Initialen, seine Adresse, einige Wellenlinien, dann die Adresse seiner Eltern auf ein Blatt gezeichnet hatte, nahm er einen neuen Bogen, faltete ihn sorgfältig und schrieb: „Mir ist es hier zu kalt“, dann, „ich gehe nach Südamerika“, dann hielt er inne, schraubte die Kappe auf die Feder, betrachtete den Bogen und sah, wie die Tinte eintrocknete und dunkel wurde (in der Papeterie garantierte man, dass sie schwarz werde), dann nahm er seine Feder erneut zur Hand und setzte noch großzügig seinen Namen Paul darunter.

Dann saß er da.

Später räumte er die Zeitungen vom Tisch, überflog dabei die Kinoinserate, dachte an irgendetwas, schob den Aschenbecher beiseite, zerriss den Zettel mit den Wellenlinien, entleerte seine Feder und füllte sie wieder. Für die Kinovorstellung war es jetzt zu spät.

Die Probe des Kirchenchores dauert bis neun Uhr, um halb zehn würde Hildegard zurück sein. Er wartete auf Hildegard. Zu all dem Musik aus dem Radio. Jetzt drehte er das Radio ab.

Auf dem Tisch, mitten auf dem Tisch, lag nun der gefaltete Bogen, darauf stand in blauschwarzer Schrift sein Name Paul.

„Mir ist es hier zu kalt“, stand auch darauf.

Nun würde also Hildegard heimkommen, um halb zehn. Es war jetzt neun Uhr. Sie läse seine Mitteilung, erschräke dabei, glaubte wohl das mit Südamerika nicht, würde dennoch die Hemden im Kasten zählen, etwas müsste ja geschehen sein.

Sie würde in den „Löwen“ telefonieren.

Der „Löwe“ ist mittwochs geschlossen.

Sie würde lächeln und verzweifeln und sich damit abfinden, vielleicht.

Sie würde sich mehrmals die Haare aus dem Gesicht streichen, mit dem Ringfinger der linken Hand beidseitig der Schläfe entlangfahren, dann langsam den Mantel aufknöpfen.

Vorstellung: innere Rede

Anapher

Dann saß er da, überlegte, wem er einen Brief schreiben könnte, las die Gebrauchsanweisung für den Füller noch einmal – leicht nach rechts drehen –, las auch den französischen Text, verglich den englischen mit dem deutschen, sah wieder seinen Zettel, dachte an Palmen, dachte an Hildegard.

Saß da.

Und um halb zehn kam Hildegard und fragte: „Schlafen die Kinder?“

Sie strich sich die Haare aus dem Gesicht.

(1) Konzentrieren Sie sich zunächst auf die Markierungen und Randnotizen des Textes. Fassen Sie diese in einem kurzen beschreibenden Text (Präsens!) zusammen.

(2) Welche der oben gestellten Warum-Fragen werden hier bereits beantwortet?

Methode

Textmarkierung

- *Randzeichen*, z. B.:
  ? – fraglich, unklar,
  ! – zentraler Gedanke,
  1., 2., – Nummerierung (z. B. von Inhaltsabschnitten)
- *Markierungen* im Text , z. B.:
  unterstreichen, einkästeln, unterschlängeln, farbig unterstreichen (inhaltlich wichtige Textstelle, auffallendes sprachlich-rhetorisches Mittel, typisch für Textart, typisch für Autor und seine Zeit, ...), Verbindungslinie (hebt Zusammenhänge hervor)
- *weitere Kommentare am Rand*, z. B.:
  Kern. – Kernstelle/Einl. – Einleitung/Haupt. – Hauptteil/Schl. – Schluss/T. – These/Arg. – Argument/Bsp. – Beispiel/Faz. – Fazit/Spr. – Sprache/Rhet. – Rhetorisches Mittel

(3) Ergänzen Sie (im zweiten Teil) des Textes eigene Markierungen und Notizen.

(4) Beurteilen Sie, inwieweit der Text typisch für eine Kurzgeschichte ist. Lesen Sie dazu zunächst den Informationstext (S. 40).

Information

Allgemeine Merkmale der modernen Kurzgeschichte

Die folgende Zusammenfassung nennt allgemeine, idealtypische Merkmale der Kurzgeschichte (nicht alle diese Merkmale treffen deshalb auf einen einzelnen Text zu).

- Darstellung eines knappen Ausschnitts aus dem Alltag, in dem sich brennpunktartig Zeittypisches widerspiegelt
- Reduktion der Figurenkennzeichnung; es bleibt bei Andeutungen
- Handlung ist einlinig, nicht verzweigt
- Verzicht auf Vor- und Nachgeschichte; abrupter Anfang, offener Schluss
- elliptische Erzähltechnik: Konzentration auf das Detail und Mittel der Aussparung; Verdichtung durch Symbolik und Leitmotiv
- zielt auf Alltagsleser und dessen unmittelbare Gegenwart
- Leser soll zum Mitdenken motiviert und aktiviert werden; er ist aufgefordert, Motive der Figuren aus Andeutungen zu entschlüsseln
- verdeutlicht Weltbild der Moderne; das handelnde Subjekt ist oft nicht mehr in der Lage, die Welt als sinnerfülltes Ganzes zu erfahren bzw. die auftretenden Probleme zu bewältigen
- Texte weisen Brüche und Verfremdungen auf, die zur Irritation des Lesers beitragen

Einen Schülerentwurf überarbeiten

Dem im Folgenden abgedruckten schriftlichen Entwurf der Textanalyse einer Schülerin liegt folgender **Arbeitsauftrag** zugrunde:

Analysieren Sie die Kurzgeschichte „San Salvador" von Peter Bichsel.

a) Konzentrieren Sie sich vor allem auf das Verhalten der Hauptfigur – und damit korrespondierend – auf die sprachliche Eigenart des Textes.

b) Berücksichtigen Sie bei Ihrem Deutungsversuch folgende Aussage von Peter Bichsel: „Während ich Geschichten erzähle, beschäftige ich mich nicht mit der Wahrheit, sondern mit den Möglichkeiten der Wahrheit." (Interpretationen, Klassische deutsche Kurzgeschichten, Reclam, Stuttgart, S. 272)

Entwurf

In dem Kurzprosatext „San Salvador" von Peter Bichsel wird von einem Mann mit Namen Paul erzählt. Dieser ist verheiratet mit einer Frau namens Hildegard. Das Ehepaar hat Kinder. Der Leser erfährt indirekt, dass es wenigstens zwei sind. Paul ist gegen neun Uhr abends allein zu Haus; seine Frau besucht eine Probe des Kirchenchores und wird von ihm um halb zehn zurückerwartet. Erzählt wird nicht eigentlich eine Handlung, sondern es geht um banale Alltagstätigkeiten des Mannes, die sich wiederholen. Ausgehend von der Überschrift mit der Bedeutung *Erlöser/Erretter* ergibt sich als vorläufiges Textverständnis, dass Paul in einer Art Erlösungs- und Fluchtvision sich darü-

ber Gedanken macht, aus einer erkalteten Beziehung und einem als eintönig empfundenen Leben zu fliehen. Der Erzähler stellt das Geschehen in der Er-Form dar. Gewählt ist die personale Erzählform, d. h., der Erzähler tritt nicht selbst auf wie bei der Ich-Erzählform; er zieht sich zurück, ohne ganz zu verschwinden. Dabei bleibt er nah bei seiner Hauptfigur Paul und wählt dessen Perspektive. Aus seiner Sicht erfährt der Leser das Geschehen. Da Paul sein Verhalten nicht reflektiert, ist der Leser aufgefordert, sich selbst Gedanken zu machen. So kann man als Leser unterschiedliche Fragen an den Text stellen, z. B.:

Warum verbringt Paul seine Zeit mit banalen Tätigkeiten?
Warum malt sich Paul eine Flucht aus?
Warum handelt Paul nicht so, wie er denkt?

Der Wechsel zwischen dem äußerst knappen Erzählerbericht und der direkten Wiedergabe von Gedanken (______________________________) und der erlebten Rede in der Form des Konjunktivs (   ) verdeutlicht die innere Befindlichkeit des Mannes: Er verspürt Langeweile und eine innere Leere und Kälte. Die eingetrocknete dunkle Tinte, die schwarz wird (   ), könnte symbolisch für die resignierende, traurige Stimmung der Hauptfigur stehen; Südamerika (   ) und die Palmen für die Sehnsucht nach Wärme.

Bereits zu Beginn der Erzählung werden Verhalten und emotionaler Zustand der Hauptfigur deutlich gekennzeichnet: Paul bekritzelt mit einer neuen Füllfeder zwei Blätter, übt mehrmals seine Unterschrift, schreibt seine Adresse, beobachtet das Eintrocknen der Tinte. Dieses Verhalten wirkt teils unreflektiert spielerisch, teils gleichförmig, ziellos und planlos. Man gewinnt den Eindruck eines unzufriedenen, einsamen, in der bürgerlichen Normalität gefangenen Ehemannes, dessen Beziehung zu seiner Ehefrau in eine Krise geraten und erkaltet ist. In diesem Zusammenhang schreibt er den bereits oben erwähnten Satz auf, der seine unbestimmte Sehnsucht nach Wärme, nach „Erlösung“ aus dieser unbefriedigenden Beziehung zum Ausdruck bringen könnte. Die Unfähigkeit Pauls zur Kommunikation und zur Reflexion seiner Situation wird deutlich durch den zweimal wiederholten Satz ______________________________

und die Abwandlung „Saß da“ (Z. 45) gegen Ende des Textes. Er schaut Kinoinserate durch (   ), denkt an „irgendetwas“ (   ), bis es für die Kinovorstellung zu spät ist. Seine Zeit vertut er mit eigentlich sinnlosen Tätigkeiten. Außerdem stellt er sich vor, wie es wäre, wenn Hildegard seine Mitteilung lesen würde und er nicht mehr da wäre:

____

Die erlebte Rede, die Gedanken und Gefühle Pauls kennzeichnet, wird im Konjunktiv wiedergegeben. Auffallend ist die Anaphorik in einzelnen Satzanfängen (______________ ______________________________). Auch dies unterstützt den Eindruck von Monotonie und Langeweile, den die Verhaltensweisen der Hauptfigur insgesamt hervorruft. Auffallend ist, dass das dabei antizipierte Verhalten Hildegards bei der Heimkehr von ihr realisiert wird. Dies kann man vielleicht so deuten, dass die Beziehung zwischen Paul und Hildegard in Ritualen erstarrt ist. Hildegard erkundigt sich ohne eine liebevolle Begrüßung ihres Mannes in einer äußerst knappen Frage nach ihren Kindern. Auch dies könnte man im Sinne einer gestörten Beziehung zwischen den Ehepartnern deuten. Sprachlich ist der Text äußerst knapp; dies kann man als Appell an den Leser verstehen, den Text intensiv zu lesen und das Verhalten der Figuren zu reflektieren. Auffällig ist der lakonisch wirkende Tonfall, der u. a. durch die sprachliche Reduktion des Textes und die elliptische Erzähltechnik der Verknappung und des Auslassens bedingt ist. Der Text enthält fast nur Hauptsätze und Hauptsatzreihungen (Parataxe) sowie etliche Wiederholungen. Diese Stilmittel unterstützen den Eindruck von Monotonie, Langeweile, Ziellosigkeit, den die depressiv gestimmte Hauptfigur Paul mit seinen banal anmutenden Tätigkeiten hervorruft. Halbherzig und nur in seinen Vorstellungen plant er einen Ausbruchsversuch aus seiner Ehe, scheitert jedoch an seiner Passivität und an seiner eigenen Unfähigkeit, einen Entschluss zu fassen oder ein offenes Gespräch mit seiner Ehefrau zu führen. Auch der Schlussteil wirkt resignierend. Paul sitzt noch ebenso da wie am Anfang.
Zu den oben gestellten Warum-Fragen eine kurze Antwort:

Warum verbringt Paul seine Zeit mit banalen Tätigkeiten? Er langweilt sich; seine banalen Handlungen spiegeln seine innere Leere und Ziellosigkeit und seine Suche nach Sinnerfüllung wider.

Warum malt sich Paul eine Flucht aus? Seine Wunschträume und Visionen spiegeln Paul eine Errettung aus Sinnlosigkeit und Monotonie vor. Der Satz ____________________ ____________________________________ wiederholt sich; er stellt das Hauptmotiv Pauls dar: die Sehnsucht nach emotionaler Wärme.

Warum handelt Paul nicht, wie er denkt? Man kann vermuten, dass er unglücklich ist, unter seiner Einsamkeit leidet und zu einem zielgerichteten Handeln nicht fähig ist. Die Tatsache, dass Hildegard bei ihrer Heimkehr die gleiche Geste ausführt, die Paul vorher gedanklich antizipiert hat, könnte verdeutlichen, dass das Leben des Ehepaares in Gleichförmigkeit und Gewohnheit verlaufen ist. Diese Deutungen bestätigen die im Anfangsteil aufgestellte Bedeutungshypothese. Nimmt man Bichsels Aussage (vgl. Aufgabenstellung, Teil b) hinzu, müsste man umdenken und eine andere „Möglichkeit der Wahrheit" ins Auge fassen. Ist die Beziehung zwischen Paul und Hildegard wirklich erkaltet? Vieles, was oben zum Verhalten der Hauptperson gesagt worden ist, deutet daraufhin. Manche Einzelheiten kann man aber auch anders sehen: Er wartet auf Hildegard; dies kann vielleicht auch als Sehnsucht nach der Gegenwart seiner Frau gedeutet werden. Die einfache Frage Hildegards nach den Kindern ____________________________________ ____ könnte durchaus auch die gemeinsame Verantwortung des Ehepaars für ihre Kinder zum Ausdruck bringen. Ebenso könnte die Tatsache, dass Paul sich sehr genau vorstellen kann, welche Gesten und Bewegungen Hildegard beim Heimkommen macht, eine innige Vertrautheit zwischen den beiden verdeutlichen. Wie sieht es mit den Fluchtfantasien der Hauptfigur aus? Er schreibt auf den Zettel: ______________________________ ____ ____________________

Derartige rein gedankliche Sehnsüchte, aus dem Alltag auszubrechen, müssen einem in unserer problemgesättigten modernen Zeit gar nicht so abwegig vorkommen. Paul setzt seine Fantasien nicht in die Realität um; vielleicht könnte dies seine Einsicht verdeutlichen, dass eine Flucht die Probleme, die er sicher hat, nicht zu lösen imstande ist. Insofern müsste die zentrale Deutungshypothese im Anfangsteil eingeschränkt werden, zumal der Text uneindeutig ist, in sprachlich und inhaltlich verknappter Form geschrieben ist, auf eine zielorientierte Handlung verzichtet wird und der Text inhaltlich offen endet. Insofern ist der Leser aufgefordert, den Text zu Ende zu denken und Verhalten sowie Situation der Figuren zu reflektieren, zumal der Text deutlich die Probleme des modernen Menschen aufzeigt, zum Beispiel die Gefahr der Desorientierung, die Schwierigkeit, sich in einer Welt voller Widersprüche selbst zu verwirklichen und mit dem anderen zu kommunizieren.

(Britta Baumschulte, Jg. 12)

1. Beurteilen Sie, inwieweit sich die Schülerin auf die Aufgabenstellung (S. 40) eingelassen hat. Bearbeiten Sie dazu den Schülertext mithilfe von Markierungen und Randnotizen.

2. Überarbeiten Sie den Text, indem Sie
   - ihn nach inhaltlichen und formalen Gesichtspunkten gliedern (Querstriche im Text, Nummerierung der Abschnitte am Rand),
   - an den mit ______ gekennzeichneten Stellen ein passendes Zitat einfügen, um die Ausführungen anschaulich und textnah zu gestalten,
   - in die Klammern ( ) Zeilenangaben einfügen.

Methode

Zitiertechniken

- Zitieren von Quellenangaben
  Beispiel: Peter Bichsel: San Salvador. Aus: Peter Bichsel: Eigentlich möchte Frau Blum den Milchmann kennenlernen. Walter Verlag, Olten 1964, S. 50
- Zitate dienen bei Textanalysen als Nachweis, dass bestimmte Deutungen durch den Text belegt sind.
- Zitate sollten nicht zu umfangreich sein; sie müssen jedoch so vollständig sein, dass sie verständlich sind.
- Zitate werden in Anführungszeichen gesetzt. Eingeleitete Zitate sind durch Doppelpunkt vom übrigen Text zu trennen. Der Punkt als Satzzeichen entfällt innerhalb des Zitats; Fragezeichen und Ausrufezeichen müssen jedoch übernommen werden.
  Beispiel: Auf seinem Zettel steht: „Mir ist es hier zu kalt" (Z. 5 f./Z. 25).
- Zitate müssen genau/wörtlich sein; Änderungen, Einfügungen oder Auslassungen müssen durch eckige Klammern gekennzeichnet sein. Zitate ohne formale Einleitung müssen an den Satzbau des eigenen Textes angepasst werden.
  Beispiele: Während er banale Tätigkeiten ausführt, „wartete [er] auf Hildegard" (Z. 19 f.). Auffallend sind die Anaphern: „Sie würde [...] telefonieren. [...] Sie würde lächeln [...]. Sie würde sich mehrmals [...]" (Z. 31 ff.).
- Auch durch eine sinngemäße Wiedergabe kann man auf eine Textstelle verweisen; eine direkte Rede im Text wird dann in indirekter Rede wiedergegeben.
  Beispiel: Als Hildegard nach Hause kommt, fragt sie ihren Mann, ob die Kinder schon schlafen (Z. 46 f.).
- Verweist man in indirekter und allgemeiner Weise auf einen Textzusammenhang, so kennzeichnet man dies so: vgl. Z. ...
  Beispiel: Die Hauptperson fühlt sich offenbar einsam (vgl. Z. 5 f., Z. 25).

(3) Formulieren Sie zu verschiedenen Stellen jeweils einen Satz zur Leserhilfe und Leserführung, um dem Leser das Vorgehen zu verdeutlichen. Lesen Sie zur Leserführung auf S. 19 f. nach.

Z. ______________________________

____

Z. ______________________________

____

Z. ______________________________

____

Z. ______________________________

____

Z. ______________________________

____

Die Analyse eines Gedichts vorbereiten; einen Analyseentwurf beurteilen und überarbeiten

Einen ersten Verstehensansatz erschließen

Hans Magnus Enzensberger

konjunktur[1]

Steht K. für das Wirken der Mächtigen?
50er-Jahre – Adenauer-Ära;
1956: Wiederbewaffnung

ihr – die Fische (die Abhängigen, Machtlosen)
sie – die Angler (die Mächtigen)

8
ihr glaubt zu essen
aber das ist kein fleisch
womit sie euch füttern
das ist köder, das schmeckt süß
(vielleicht vergessen die angler
die schnur, vielleicht
haben sie ein gelübde getan,
in zukunft zu fasten?)

Ironie?

modernes Gedicht:
- keine Strophen, sondern Abschnitte
- kein Reim
- kein Metrum
- Kleinschreibung

10
der haken schmeckt nicht nach biscuit
er schmeckt nach blut
er reißt euch aus der lauen brühe:
wie kalt ist die luft an der beresina[2]!
ihr werdet euch wälzen
auf einem fremden sand
einem fremden eis:
grönland, nevada[3], fest-
krallen sich eure glieder
im fell der nubischen wüste.

4
sorgt euch nicht! gutes gedächtnis
ziert die angler, alte erfahrung.
sie tragen zu euch die liebe
des metzgers zu seiner sau.

Angler – wie die Liebe des Metzgers zu seiner Sau

4
sie sitzen geduldig am rhein,
am potomac[4], an der beresina,
an den flüssen der welt.
sie weiden euch. sie warten.

3
ihr schlagt euch das gebiß in die hälse.
euch vor dem hunger fürchtend
kämpft ihr um den tödlichen köder.

(1957)

(Aus lizenzrechtlichen Gründen folgt dieser Text nicht der reformierten Rechtschreibung.)

---

[1] Konjunktur: Zusammenwirken sämtlicher wirtschaftlicher Bewegungsvorgänge: Wirtschaftslage/Wirtschaftsflaute/Wirtschaftsaufschwung (kann darüber hinaus auch – wie hier – auf gesellschaftliche und politische Vorgänge bezogen werden)

[2] Beresina: Fluss in Russland, an dem Napoleon beim Rückmarsch von Moskau im Jahre 1812 eine entscheidende Niederlage erlitt

[3] Nevada: Wüste in den USA, in der viele Jahre lang Atombombenversuche stattgefunden haben

[4] Potomac: Fluss in den USA, an dem das Verteidigungsministerium liegt

Information

Hans Magnus Enzensberger (geb. 1929 in Kaufbeuren): Der Lyriker Enzensberger knüpft an B. Brechts Konzeption des Gedichts als „Gebrauchsgegenstand" an und sieht seine schriftstellerische Aufgabe vor allem darin, kritisch zum Zeitgeschehen Stellung zu nehmen. Das Gedicht „konjunktur" ist der Lyriksammlung „Verteidigung der Wölfe" entnommen; die Gedichte sind in den Jahren 1954–1957 entstanden. Der Gedichtband enthält neben *freundlichen* und *traurigen* Gedichten auch *böse* Gedichte (Buchklappentext). Immer äußert Enzensberger seine Kritik an den bestehenden gesellschaftlichen Verhältnissen. Das Jahr 1956 bringt – etwa 10 Jahre nach dem Inferno des Zweiten Weltkrieges – die Gründung der Bundeswehr und damit die deutsche Wiederbewaffnung.

1. Lesen Sie das Gedicht genau, möglicherweise mehrere Male. Fassen Sie die Markierungen und Randnotizen in einem knappen beschreibenden Text zusammen. Ergänzen Sie ggf. eigene Markierungen und Randnotizen.

2. Formulieren Sie stichwortartig einen ersten Verstehensansatz/eine erste Deutungshypothese.

3. Markieren Sie im Text mit zwei unterschiedlichen Farben, was über die Angesprochenen („ihr") und was über die „Besprochenen" („sie") ausgesagt wird.

4. Inwieweit halten Sie das Gedicht für typisch für den Schriftsteller Enzensberger? Lesen Sie dazu die oben stehenden Informationen zum Verfasser.

Eine Schüleranalyse beurteilen und überarbeiten

Analyse/Interpretation des Gedichts „konjunktur" von Hans Magnus Enzensberger

Hans Magnus Enzensberger, der 1929 in Kaufbeuren/Schwaben geboren wurde, gehört zu den gesellschaftskritischen Lyrikern unserer Zeit. Sein Gedicht „konjunktur" stammt aus der Sammlung der Gedichte „Verteidigung der Wölfe", die zwischen 1954 und 1957 entstanden sind, wobei ich davon ausgehe, dass der Titel der Gedichtsammlung ironisch gemeint ist. Auch in diesem Gedicht geht es um Kritik am gesellschaftlichen und politischen System der Bundesrepublik Deutschland. Für den folgenden Hauptteil meiner Analyse wähle ich die lineare Vorgehensweise, indem ich Abschnitt für Abschnitt durchgehe.

Das Gedicht „konjunktur" beginnt mit der ganz persönlichen Anrede „ihr"; dieser folgt unmittelbar ein Vorwurf bzw. ein Klarstellen der augenblicklichen Situation. Der lyrische Sprecher versucht, durch das Wort „glaubt" (Z. 1) eine gewisse Unsicherheit darzustellen: „ihr glaubt zu essen/aber das ist kein fleisch/womit sie euch füttern/das ist köder [...]" (Z. 1 ff.). Hier tauchen neue anonyme Figuren auf, die durch das „sie" in ihrer Anonymität betont werden. Doch schon zwei Zeilen weiter werden diese Figuren als „angler" identifiziert. Diese Angler scheinen etwas vorzutäuschen, denn sie füttern nicht wirklich, nicht mit etwas Nahrhaftem, sondern mit einem Köder. Der Köder, der einerseits gut schmeckt, ist andererseits nichts weniger als eine Falle. Dennoch vermutet oder hofft der lyrische Sprecher, dass die Angler aufhören zu angeln, sei es, dass sie ihre Schnur vergessen haben, sei es, dass sie fasten wollen. Im Weiteren wird der Haken dargestellt, an dem der Köder festgemacht ist. Der lyrische Sprecher bemerkt: „der haken schmeckt nicht nach biscuit/er schmeckt nach blut" (Z. 9 f.). Der Köder erscheint hier endgültig als bösartige Falle, weil er nicht hält, was er zu versprechen scheint. Dieser Haken „reißt euch aus der lauen brühe" (Z. 11). Er reißt den Fisch – gemeint sind in diesem Falle die angesprochenen Menschen – aus ihrem ursprünglichen und doch schon getrübten Element heraus an die kalte Luft. Dadurch, dass der Verfasser die Beresina nennt, werden beim Leser ganz automatisch Assoziationen hervorgerufen. Er verbindet den Namen Beresina automatisch mit Niederlage und Tod. Doch damit scheint diesmal er selbst gemeint zu sein, er, den man durch Tricks herausgelockt hat. Und diese auf den Köder hereingefallenen Menschen werden sich „wälzen/auf einem fremden sand/einem fremden eis" (Z. 13 ff.). Die Betonung scheint hier auf dem zweimal vorkommenden „fremd" zu liegen. Die Menschen also werden dort zu finden sein, wo sie, ebenso wenig wie der herausgezogene Fisch im „sand", nichts zu suchen haben. Sie gehören dort nicht hin, aber sie krallen sich dennoch dort fest. Doch trotz alledem heißt es: „sorgt euch nicht!" (Z. 19), denn Erinnerungsvermögen und „alte erfahrung" (Z. 20) kennzeichnen die Angler. Aber Erfahrung womit? Im Hervorlocken, im Einfallen in fremde Gebiete? Die Antwort darauf bleibt dem Leser überlassen. Diese Angler sitzen „geduldig am rhein/am potomac, an der beresina" (Z. 23 f.) und warten. Diese Namen assoziieren die Vorstellung von Krieg, Macht, Gewalt. Mit diesen Namen können auch wichtige Schaltstellen der Macht gemeint sein (z. B. auch die Bundeshauptstadt Bonn am Rhein). Sie „tragen zu euch die liebe/des metzgers zu seiner Sau" (Z. 21 f.). Der Metzger hegt und pflegt sein Tier, doch nur deshalb, um es später zu schlachten. Die Vorstellung des Weidens erinnert an Kühe, doch auch sie werden später geschlachtet. Sie, diese anonyme Gruppe, verfolgen das offensichtlich zu einem bestimmten Zweck. Doch dann schlagt ihr euch „das gebiß in die hälse/euch vor dem hunger fürchtend/kämpft ihr um den tödlichen köder" (Z. 27 ff.) der Mächtigen, der Angler. Die Metapher „das Gebiss in die Hälse schlagen" steht wohl für töten. Und all die, die schon so lange den Köder geschmeckt haben, fürchten den Hunger und kämpfen um den Köder. Die Fische, das sind die Menschen, zerfleischen sich gegenseitig. Sie erkennen offenbar nicht, dass sie und ihre Reaktionen gesteuert werden, gesteuert von den Anglern. Sie, das scheint die Gruppierung zu sein, die uns, das Volk, lenkt, uns zu ködern versucht und uns vielleicht zum Krieg anstiften will. [...]

(1) Beurteilen Sie, inwieweit der Verfasser in diesem Ausschnitt einer Analyse/Interpretation konsequent im Sinne eines linearen Verfahrens vorgegangen ist. Beachten Sie den folgenden Infokasten.

Information

Analyse/Interpretation literarischer Texte

Bei der Analyse/Interpretation literarischer Texte kann man auf zweierlei Weise vorgehen:

- Lineares Verfahren: Sie folgen der Chronologie des Textes und gehen den Text systematisch im Sinne der jeweiligen Kriterien durch (Inhalt, sprachlich-rhetorische Machart, Zitat; Auswertung der Beschreibung/Deutung).
- Aspektorientiertes Verfahren: Sie gehen dabei von relevanten übergeordneten Deutungsaspekten aus. Um eine reine Addition zu vermeiden, müssen diese Aspekte integriert und im Rahmen der Gesamtdeutung erläutert werden.

(2) Bearbeiten Sie den Analyse-Ausschnitt auf S. 46 unter folgenden Gesichtspunkten:

- Sie unterstreichen alle Ausdrücke, die man als sprachliche Konnektoren (*hier, dies, daher, ...*) und als Gliederungssignale/Leserhilfen (*Ich komme jetzt zu ...*) ansehen kann.
- Sie gliedern die Schüleranalyse nach einzelnen Abschnitten; benutzen Sie dazu im Text das folgende Zeichen: ⎾

Der folgende Text stellt den letzten Teil der Schüleranalyse dar:

[...] Im Folgenden möchte ich einige Einzelheiten zur Form des Textes klären. Bereits
beim ersten Lesen fällt die generelle Kleinschreibung des Gedichts und die Klammer für
die Vermutungen auf. Das Gedicht hat keine Reime und kein erkennbares Metrum. Schon
dadurch tritt es deutlich als modernes Gedicht in Erscheinung. Wäre der Text nicht in
ZR bestimmten Verszeilen angeordnet könnte er auch als Prosatext gelten. Diese aufmerksamkeiterregende, ungewöhnliche Form des Textes entspricht der Intention des Verfas-
Z sers zu warnen, aufzurütteln und an Wachsamkeit und Aufmerksamkeit der Menschen
R zu appelieren. Auch ist das Gedicht nicht in gleich lange Strophen gegliedert, sondern
nach Abschnitten mit 8, 10, 4, 4 und 3 Zeilen. Auffallend sind bestimmte sprachliche
G Bilder zum Bedeutungsbereich Fischerei: Angler, Fische, Köder, Schnur, Haken, Blut, also
RR mehrdeutig. Zur Metaforik möchte ich nocheinmal zwei auffällige Beispiele nennen:
„fest-/krallen ...“ (Z. 16 f.) und „ihr schlagt euch ...“ (Z. 27).
Ich möchte jetzt versuchen, die Überschrift zu deuten. Diese ist offensichtlich zweideutig.
Sie deutet einerseits auf ein Auf und Ab, auf wirtschaftliche Konjunkturschwankungen
G hin, das heißt auch auf Abhängigkeiten, weil eine Konjunkturflaute bedeutet möglicherweise eine harte Zeit für die Bevölkerung. Andererseits könnte die Überschrift bedeuten,
dass zurzeit eine Konjunktur für Angler ist (die politisch Mächtigen?, die Wirtschaftsbosse?, die Giganten der Medien?, die Unterdrücker?, die Manipulierenden?). In dieser Zeit
sind die „Fische“ (die Unterdrückten?, Passiven?, Manipulierten?, Machtlosen?) zu erhöhter Wachsamkeit aufgerufen. Sie müssen zusammenhalten, dürfen sich nicht gegenseitig das „gebiß in die hälse“ (Z. 27) schlagen.
RZ Es soll nun abschließent versucht werden eine Gesamtdeutung des Gedichts zu formulie-
RZR ren. Nach meiner Meinung soll Enzensberger's Gedicht zum Ausdruck bringen das die

Z Angler, d. h. diejenigen die in einer Gesellschaft die Macht innehaben, immer Konjunktur
Z haben. Sie halten den Fischen, das sind die einfachen Menschen, Köder hin also zum
ZR Beispiel Versprechungen von Wohlstand und Arbeit und können sie dadurch lenken. Das
Z die Angler ihre Schnur vergessen oder ein Gelübde zum Fasten ablegen ist eine trüge-
G rische Hoffnung, weil diese Hoffnung wird geradezu ausgeklammert. Der lyrische Spre-
cher warnt mit bitterer Ironie vor Passivität, fehlender Solidarität und gegenseitiger
Zerstörung. Ich beziehe mich dabei auf meine noch allgemein formulierte Deutungshy-
pothese am Anfang, die ich damit wieder aufnehme und konkretisiere. Die beiden Perso-
nengruppen der Angler und der Fische werden durch die Pronomina *sie* und *ihr* verdeut-
licht. Sie, das sind die Mächtigen, die alles lenken, und ihr, das sind alle, das ist das Volk,
GG die angesprochen und an die gewissermaßen appelliert wird. Die Brisanz des Textes ist
G auch heute noch aktuell, weil es gibt auch heute noch mächtige Menschen und Menschen-
gruppen, die weitreichende politische Entscheidungen treffen, und ohnmächtige Men-
schen, falsche Versprechungen und Manipulationen; man denke nur an den Irakkrieg,
den Beginn dieses Krieges und an die Folgen. Zur Zeit der Erstveröffentlichung waren
aber die Brisanz und die Aktualität des Gedichts vielleicht noch größer, weil im Jahre 1956
GG wurde die Bundeswehr aufgestellt und somit Deutschland wiederbewaffnet, also Auslö-
sung von großen Protestreaktionen.

(Till Bergmann, Jg. 12)

3 Dieser Teil der Schüleranalyse enthält (s. die entsprechend gekennzeichneten Stellen am Rand) Fehler bei der Rechtschreibung (R), Zeichensetzung (Z), Grammatik bzw. stilistische Fehler (G) (z. B. Krüppelsatz oder falsche Wortstellung beim konjunktionalen Nebensatz). Markieren Sie die Fehler in der entsprechenden Zeile; korrigieren Sie den Fehler entweder unmittelbar im Text oder, indem Sie ihn nummerieren, wie folgt:

(1) angeordnet, könnte; (2) ____________________

4 Überfliegen Sie zum Schluss noch einmal beide Teile der Gedichtanalyse/Interpretation (S. 46, S. 47). Beurteilen Sie, inwieweit der Verfasser der Aufgabenstellung inhaltlich gerecht geworden ist. Diese lautet:

Analysieren Sie das Gedicht „konjunktur“ von H. M. Enzensberger. Kennzeichnen Sie die angesprochenen Personengruppen sowie den Wortschatz und die Bildersprache. Deuten Sie im Rahmen einer Gesamtinterpretation des Gedichts vor allem die Überschrift.

Training:

Klausuren und schriftliche Abiturprüfung

Analyse eines expositorischen Textes (mit weiterführendem reflexionsorientierten Schreibauftrag)

Martin Walser

Die Rolle des Lesers von literarischen Texten

[Als ich über Franz Kafka] etwas schreiben wollte, stellte sich heraus, dass ich ihn nicht verstanden hatte. Obwohl ich die drei Romane und die Erzählungen zwei-, drei-, viermal gelesen hatte, hätte ich nicht aufschreiben können, was die „Strafkolonie“ bedeutet. Die „Verwandlung“ interpretieren, das hieß für mich damals, aussagen, ja beweisen, was ein Literaturwerk unter allen Umständen bedeutet. Man war erzogen worden zum Glauben, in einem Literaturwerk sei eine Bedeutung sozusagen verborgen. Die müsse man herausbringen. Inzwischen bin ich Adressat von Schülerpost und erfahre so, dass im Deutschunterricht Schülerinnen und Schüler darin geübt werden, die Bedeutung von Büchern zu entdecken, die ich geschrieben habe. Der Lehrer weiß offenbar die Bedeutung, darf sie aber den Schülern nicht sagen. Ich weiß, meinen die Schüler, die Bedeutung. Findige Schülerinnen oder Schüler rufen mich abends an oder schreiben mir und fragen: Wie haben Sie das und das gemeint? Stimmt es wirklich, wie der Lehrer sagt, dass der Name Klaus Buch ein sprechender Name ist, in dem sich die Bedeutung Klau das Buch verbirgt und so weiter. Ich antworte dann, dass es nach meiner Erfahrung im Umgang mit Literatur keine privilegierte[1] Bedeutungsschöpfung gebe, dass vielmehr jede Leserin und jeder Leser ein Naturrecht auf die eigene Empfindung und Leseerfahrung habe. Lehrern gegenüber füge ich hinzu: Noten könne man ja nicht nur danach geben, wie nah der Schüler der vom Lehrer gehüteten Bedeutung komme, sondern auch danach, wie eine Schülerin und ein Schüler ihre eigene Leseerfahrung zu vermitteln imstande seien. Auch dass Schülerinnen und Schüler mit einem Text gar nichts anfangen können, sage ich dann dazu, sei darstellens- und begründenswert und trainiere mindestens so sehr wie das Suchen und Finden

[1] privilegiert: bevorrechtigt

und Darstellen der offenbar ostereihaft versteckten Bedeutung.

Ich habe als Student die Erfahrung machen müssen, dass mein gewissermaßen naturwüchsiges Lesen nicht bedeutungsorientiert ist, ja für Bedeutungsfindung oder -schöpfung nichts bringt. Ich habe Kafka nicht anders gelesen als Karl May. Ich kann überhaupt nicht auf zweierlei Art lesen. Die Sätze, die ich lese, leben davon, dass sie in mir beantwortet werden. Beantwortet durch Erfahrungen, die von diesen gelesenen Sätzen geweckt, mobilisiert, bewusst gemacht werden. Alles, was ich je erlebt, gesehen, gedacht, gefühlt, geliebt, gehasst, gefürchtet habe, kann da aufgerufen werden. Vorausgesetzt, ich kann mit dem Buch, das ich lese, etwas anfangen. Jeder Leser beantwortet jeden Satz, der da schwarzweiß und dimensionslos auf Papier steht, mit sich selber. Er inszeniert diesen Satz ganz von selber in seiner Vorstellung. Was da in einem vor sich geht, ist auch mit dem Traum vergleichbar. Lesend reproduziert man ja nicht einfach Gehabtes, Erfahrenes, sondern produziert aus eigenem Bedürfnis mithilfe eines Textes eine Welt, die es tatsächlich nicht gibt. Was uns in der wirklichen Welt fehlt, stattet uns als Leser aus, macht uns als Leser potent. Was uns fehlt, macht uns schöpferisch. Nicht das Zuvielhaben macht schöpferisch, sondern das Zuwenighaben, also der Mangel. Novalis[1]: „Der Roman ist aus dem Mangel der Geschichte entstanden." Novalis macht in seiner Passage über den Roman, der aus dem „Mangel der Geschichte" entstanden ist, keinen Unterschied zwischen Lesen und Schreiben, er fährt nämlich fort: „Er [der Roman] setzt für den Dichter und Leser divinatorischen[2] oder historischen Sinn und Lust voraus." Dichter und Leser sind also gleich gesonnen. Wenn der Welt, in der man lebt, nicht ernsthaft etwas fehlte, würde man nicht lesen. Und wenn uns nichts fehlte, würden wir auch nicht schreiben. Man liest also aus den Gründen, aus denen man schreibt.

Aber warum lesen dann viele nicht?

Wir können überlegen, was uns, als wir acht Jahre alt waren, fehlte und uns so zu Karl-May-Lesern werden ließ. Es heißt, man verschlinge Karl May. Das ist ein unvollkommenes Bild. Man produziert die Not, die Gefahr, die Treue, den Verrat, die Gemeinheit, den Edelmut, die Rettung. Man produziert zu den Hufspuren, die schon ein bisschen abbröckeln, also älter als drei Tage sind, Angst und Hoffnung; man erlebt in sich das Anrecht auf Rettung aus der immerwährenden Gefahr.

Ein Kind, das sich sicher fühlt, liest nicht Karl May. Nichts ist diesem Lesen so fremd wie die Frage nach der Bedeutung. Bei Kafka und Karl May. Es gibt aber die Frage, ob jemand ein Buch verstanden habe. Das klingt, als sei ein Buch etwas ganz Bestimmtes. Verstehe man es nicht als dieses ganz Bestimmte, habe man es falsch verstanden

---

[1] Novalis: Friedrich von Hardenberg (1772–1801), dt. Dichter und Theoretiker der Romantik

[2] divinatorisch: vorahnend, seherisch

oder missverstanden. Ich glaube eher, dass es einem Buch gegenüber kein Missverständnis gibt, da jeder Leser, wenn er ein Buch liest, mit diesem Buch immer nur sich versteht, nicht das Buch. Das Buch ist, hat Proust[1] gesagt, eine Art optischen Instruments, mit dessen Hilfe der Leser in seinem eigenen Leben lesen könne. Das halte ich für eine sehr zurückhaltende Beschreibung dessen, was beim Lesen passiert. Sogar das deutlich empfundene und erlebte Nichtverstehen eines Buches muss überhaupt nicht die Lese-Intensität mindern.

(1994)

[1] Proust: Marcel Proust (1871 – 1922), frz. Schriftsteller

Information

Martin Walser (geb. 1926 in Wasserburg/Bodensee) ist einer der bekanntesten Schriftsteller der Gegenwart. Bekannt wurde er vor allem durch Romane, Essays und Theaterstücke. Ein zentrales Thema des Erzählers Walser ist der gesellschaftliche Zwang zur Anpassung, den seine aus der Mittelschicht stammenden Protagonisten zumeist resignierend hinnehmen. Der vorliegende Ausschnitt stellt den Anfang des über 30 Seiten langen Textes „Vormittag eines Schriftstellers“ (Suhrkamp Verlag Frankfurt/M. 1994, S. 165 ff.) dar.

1. Gehen Sie vor dem Lesen des gesamten Textes zunächst von der Überschrift aus; mobilisieren Sie so Ihr Vorwissen: Was ist für Sie beim (außerschulischen) Lesen eines Romans von besonderer Wichtigkeit? Formulieren Sie knapp Ihr eigenes Selbstverständnis und Ihre eigenen Erwartungen als Leser.

Im Folgenden soll der Text nach den bekannten Arbeitsschritten analysiert, schriftlich formuliert und überarbeitet werden.

Methode

Arbeitsschritte zur Analyse von Sachtexten

1. Schritt: **Was sagt mir der Text?**
Vorwissen abrufen, Überblick verschaffen durch überfliegendes Lesen

2. Schritt: **Was steht im Text? Wie erschließe ich mir den Text?**
Text durch genaues markierendes, strukturierendes und kommentierendes Lesen erschließen: Thematik, Inhalts- und Argumentationsstruktur, sprachlich-rhetorische Machart, Publikum, textexterne Faktoren

3. Schritt: **Welche Absicht und Wirkung verfolgt der Text? Wie ist er zu beurteilen?**

4. Schritt: **Wie gliedere ich meinen schriftlichen Text? Wie stelle ich die Ergebnisse dar?**

5. Schritt: **Wie überarbeite ich meine Darstellung? Wie formuliere ich?**

Arbeitsschritt 1: Was sagt mir der Text?

1. Verschaffen Sie sich einen ersten Überblick durch inhaltssicherndes und orientierendes Lesen. Nehmen Sie im Text erste Markierungen vor. Machen Sie sich gegebenenfalls Randnotizen.

2. Unterstreichen Sie den Kernsatz (die Kernthese) in Martin Walsers Text, in dem seine Position besonders deutlich wird. Lesen Sie dazu gegebenenfalls den Text noch einmal.

Arbeitsschritt 2: Was steht im Text?

1. Beantworten Sie die folgenden an den Text gestellten W-Fragen.
   - Welche Textart liegt vor? Geben Sie eine kurze Erklärung.

   ____

   ____

   ____

   - Welche drei Schriftsteller werden im Text als Beispiele genannt?

   ____

   ____

   ____

   - Wie ist der Text inhaltlich aufgebaut? Markieren Sie am Rand; geben Sie inhaltliche Gliederungspunkte an.

2. Was sagt Walser über die Rolle des Lesers in literarischen (epischen) Texten? Betrachten Sie dazu die unterstrichene Hauptthese des Textes; markieren Sie die weiteren von Walser aufgeführten Thesen. Listen Sie diese anschließend in Kurzform auf.

   Es gibt im Umgang mit Texten keine privilegierte Bedeutungsschöpfung; jeder Leser hat dabei das Recht auf eigene Empfindungen. (Z. 21 ff.)

   ____

   ____

   ____

   ____

   ____

   ____

   ____

   ____

3. Finden Sie heraus, auf welche Weise der Verfasser seine Thesen begründet, d. h. argumentiert. Notieren Sie entsprechend am Rand; nutzen Sie dazu die Hinweise zu den verschiedenen Formen von Argumenten im Infokasten.

Information

Formen von Argumenten

- Autoritätsargument: Man beruft sich auf eine Autorität, z. B. eine Person, eine Statistik, einen Zeitschriftenartikel, ...
- Erfahrungsargument: Man greift auf eigene Erfahrungen zurück.
- Indirektes Argument: z. B. Verallgemeinerung einzelner Erfahrungen im Zusammenhang mit der Entkräftung gegenteiliger Argumente
- Analogisierendes Argument: Es wird eine Parallele/Analogie zu anderen Lebensbereichen gezogen.
- Argumente, die sich auf persönliche Meinungen und Gefühle stützen

(4) Walser argumentiert vor allem, indem er auf der Grundlage subjektiver Erfahrungen eine verallgemeinernde Aussage macht. Schreiben Sie zwei dieser verallgemeinernden Aussagen auf.

____

____

____

____

(5) Markieren Sie sprachliche Wirkungs- und Stilmittel des Textes; geben Sie im Folgenden die entsprechenden Zeilen an:

Ironie (Z. ________________); Fragen (Z. ________________); Anapher (Z. ________________); Wiederholung im Satzbau (Z. ________________); Wortreihungen (Z. ________________)

Arbeitsschritt 3:
Welche Absicht und Wirkung verfolgt der Text? Wie ist er zu beurteilen?

(1) Walser arbeitet im Hinblick auf seine Beispiele mit zwei gegensätzlichen Schriftstellern (Mittel des Kontrasts). Erklären Sie knapp, welche Wirkung er damit erreichen könnte.

____

____

____

____

____

____

____

____

(2) Beurteilen Sie die Sprache und den kommunikativen Bezug des Textes. Kreuzen Sie entsprechend an.

- [ ] einfache Sprache
- [ ] gut verständlich
- [ ] spricht junge Leser an, weil er deren Perspektive einnimmt
- [ ] viele Fachtermini
- [ ] Wissenschaftssprache
- [ ] spricht vor allem erwachsene, fachlich vorgebildete Leser an

Bei den folgenden beiden Arbeitsschritten geht es um die schriftliche Ausführung der Textanalyse.

Arbeitsschritt 4: Wie gliedere ich meine Arbeitsergebnisse?

Vorgeschlagen wird folgender Schreibplan:
<u>Einleitung</u>
knappe allgemeine, einführende Informationen zur Kommunikationssituation (Verfasser, Absicht, Zielgruppe), zum Thema und zur Textart
<u>Hauptteil</u>
Detailanalyse: Thematik, Aufbau, Textart, sprachliche Machart und Wirkung des Textes (s. Schritte 2 und 3, S. 52 f.)
Beurteilung des Textes (s. Schritt 3, S. 53 f.)
<u>Schlussteil</u>
kann ggf. entfallen, wenn schon der Hauptteil eine Zusammenfassung enthält; möglich sind:
- Einordnung des Textes in eine bestimmte Zeit
- Bemerkung zur Aktualität des Textes
- Zusammenfassung/Fazit

Arbeitsschritt 5: Wie überarbeite ich meine Darstellung? Wie formuliere ich?

Bei der schriftlichen Darstellung kommt es vor allem darauf an, sprachliche Konnektoren (*daher, also, obgleich, jetzt, dann, einerseits ... andererseits, ...*) sowie Gliederungssignale und Leserhilfen (*Ich komme zunächst zu ..., Im Folgenden analysiere ich zunächst ..., Ich ziehe folgendes Fazit: ...*) einzubeziehen.
Bei der Wiedergabe fremder Gedanken sollte man an Varianten denken, d. h. nicht immer schreiben: Der Autor *schreibt* ..., Der Verfasser *sagt* ... Alternativen sind z. B.: er *weist zurück, fordert, fasst zusammen, behauptet, erläutert, legt dar, definiert, stellt fest, ...*

(1) Beurteilen Sie, weisen Sie nach und überarbeiten Sie den folgenden Auszug einer Schülerarbeit unter folgenden Gesichtspunkten (korrigieren Sie im Text bzw. notieren Sie am Rand):

- Einleitung der Analyse (s. o.)
- Konnektoren, Gliederungssignale/Leserhilfen
- Rechtschreibung/Zeichensetzung (s. Markierungen am Rand!)

(2) Markieren Sie Abschnitte im Text.

Analyse des Textes von Martin Walser „Die Rolle des Lesers von literarischen Texten"

Walsers Essay „Die Rolle des Lesers von literarischen Texten" ist ein Auszug aus dem Anfangsteil einer über 30 Seiten langen Abhandlung, die 1994 erschienen ist, zu einem Zeitpunkt wo Martin Walser bereits als einer der bedeutendsten Gegenwartsautoren von Romanen, Essays, Theaterstücken bekannt war. Der Titel des vorliegenden Auszugs stammt allerdings nicht von Martin Walser selbst, sondern von einem Bearbeiter. Der vorliegende Text kommt fast ohne Fachvokabula aus, ist also leicht zu verstehen. Allerdings wird insofern ein nicht gänzlich ungebildeter Leser vorausgesetzt, als die Kenntnis der Schriftsteller Franz Kafka und Karl May vorausgesetzt wird, vor allem die Kenntnis ihrer doch recht unterschiedlichen Schreibweisen und Themen. Unterstützt wird die leichte Lesbarkeit des Textes auch durch die Tatsache, dass Walser auf eigene Erfahrungen zurückgreift, die er als Student mit fremden literarischen Texten gehabt hat und die er als etablierter Schriftsteller mit Anfragen ähnlich ratloser Schüler zu seinen eigenen Texten gemacht hat. Nach diesen einleitenden Bemerkungen gehe ich jetzt in einer Deteilanalyse auf Einzelheiten des Textes ein. Der Text zeigt deutlich die Merkmale eines Essays. Er hat eine typisch assoziative Form des Erörterns; die Darstellung ist locker und subjektiv gehalten, bisweilen witzig und leicht ironisch. Es geht offensichtlich vor allem um ein Auslösen von Denkanstößen beim Leser; Ziel ist offensichtlich in erster Linie eine emotionale Zustimmung, weniger ein kognitives Überzeugen. So ist es auch ein typisches Kennzeichen seiner Argumentation von den o. g. eigenen Erfahrungen auszugehen und daraus allgemeine Sätze zu formulieren. Walser setzt in seinem Essay die eigene Erfahrung und Verstehensschwierigkeiten bei dem Schriftsteller Kafka an den Anfang. Der Verfasser gibt zu, Kafka unter den damals geltenden Regeln und Bedingungen nicht verstanden zu haben; dies verschafft ihm bei jugendlichen Lesern sicher Sympatien, zumal auch diese oft ihre Schwierigkeiten mit Kafka haben dürften. Mit eben diesem Problem des Verstehens und der Bedeutung literarischer Texte wird Walser in späterer Zeit, er ist inzwischen selbst ein etablierter Schriftsteller und seine Werke werden von anderen, eben auch von Schülern gelesen, wieder konfrontiert indem er nach der Bedeutung einzelner Passagen und Ausdrücke gefragt wird. Der Verfasser antwortet den Schülern, dass es „keine privilegierte Bedeutungsschöpfung gebe"; für die Lehrer bemerkt er, Noten hingen nicht ab von der Nähe zu der „vom Lehrer gehüteten Bedeutung". Auf diesen Erfahrungen als Student und als Schriftsteller literarischer Texte und zugleich als Adressat von Schüleranfragen fußen die weiteren Thesen und die Argumentation des Verfassers. Daher komme ich jetzt zum wichtigsten Teil meiner Darstellung, nämlich einer genauen Untersuchung der Inhalts- und Argumentationsstruktur des Essays ...

(1) Bei Klausuren und der schriftlichen Abiturprüfung geht es bei der Bearbeitung von expositorischen Texten/Sachtexten um den Aufgabentyp *Analyse eines expositorischen Textes mit weiterführendem Arbeitsauftrag*. In diesem Sinne könnte die konkrete Aufgabenstellung lauten:

a) Analysieren Sie Martin Walsers Text „Die Rolle des Lesers von literarischen Texten". Gehen Sie dabei vor allem auf Textart und Argumentationsstruktur ein.

b) Formulieren Sie eine knappe Kritik aus persönlicher Sicht.
   - Schreiben Sie entsprechend der Aufgabe a) den Anfang der obigen Schüleranalyse weiter.
   - Formulieren Sie aus Ihrer Sicht stichwortartig Kritik zu einzelnen Thesen des Verfassers. Achten Sie dabei vor allem auf die verallgemeinernde Aussage Walsers.

Liest und schreibt man tatsächlich nur aus einem offensichtlichen Mangel?

Weitere Trainingsmöglichkeit

Analysieren Sie den Text von Wolf Schneider „Die Sprache verändert sich – was sollen die alten Normen?" (S. 9 f.). Gehen Sie dabei vor allem auf Thematik und Argumentationsstruktur ein; beziehen Sie Stellung zu den Thesen des Verfassers.

Analyse eines fiktionalen Textes (mit weiterführendem reflexionsorientierten Arbeitsauftrag)

Franz Kafka

Der Kübelreiter

Teil 1

Verbraucht alle Kohle; leer der Kübel; sinnlos die Schaufel; Kälte atmend der Ofen; das Zimmer voll geblasen von Frost; vor dem Fenster Bäume starr im Reif; der Himmel, ein silberner Schild gegen den, der von ihm Hilfe will. Ich muss Kohle haben; ich darf doch nicht erfrieren; hinter mir der erbarmungslose Ofen, vor mir der Himmel ebenso, infolgedessen muss ich scharf zwischendurch reiten und in der Mitte beim Kohlenhändler Hilfe suchen. Gegen meine gewöhnlichen Bitten aber ist er schon abgestumpft; ich muss ihm ganz genau nachweisen, dass ich kein einziges Kohlenstäubchen mehr habe und dass er daher für mich geradezu die Sonne am Firmament bedeutet. Ich muss kommen wie der Bettler, der röchelnd vor Hunger an der Türschwelle verenden will und dem deshalb die Herrschaftsköchin den Bodensatz des letzten Kaffees einzuflößen sich entscheidet; ebenso muss mir der Händler, wütend, aber unter dem Strahl des Gebotes „Du sollst nicht töten!“ eine Schaufel voll in den Kübel schleudern.

Teil 2

Meine Auffahrt schon muss es entscheiden; ich reite deshalb auf dem Kübel hin. Als Kübelreiter, die Hand oben am Griff, dem einfachsten Zaumzeug, drehe ich mich beschwerlich die Treppe hinab; unten aber steigt mein Kübel auf, prächtig, prächtig; Kamele, niedrig am Boden hingelagert, steigen, sich schüttelnd unter dem Stock des Führers, nicht schöner auf. Durch die fest gefrorene Gasse geht es in ebenmäßigem Trab; oft werde ich bis zur Höhe der ersten Stockwerke gehoben; niemals sinke ich bis zur Haustüre hinab. Und außergewöhnlich hoch schwebe ich vor dem Kellergewölbe des Händlers, in dem er tief unten an seinem Tischchen kauert und schreibt; um die übergroße Hitze abzulassen, hat er die Tür geöffnet.

Teil 3

„Kohlenhändler!“, rufe ich mit vor Kälte hohlgebrannter Stimme, in Rauchwolken des Atems gehüllt, „bitte, Kohlenhändler, gib mir ein wenig Kohle. Mein Kübel ist schon so leer, dass ich auf ihm reiten kann. Sei so gut. Sobald ich kann, bezahle ich's.“

Der Händler legte die Hand ans Ohr. „Hör ich recht?“, fragte er über die Schulter weg seine Frau, die auf der Ofenbank strickt, „hör ich recht? Eine Kundschaft.“

„Ich höre gar nichts“, sagte die Frau, ruhig aus- und einatmend über den Stricknadeln, wohlig im Rücken gewärmt.

„O ja“, rufe ich, „ich bin es; eine alte Kundschaft; treu ergeben; nur augenblicklich mittellos.“

„Frau“, sagt der Händler, „es ist, es ist jemand; so sehr kann ich mich doch nicht täuschen; eine alte, eine sehr alte Kundschaft muss es sein, die mir so zum Herzen zu sprechen weiß."

„Was hast du, Mann?", sagt die Frau und drückt, einen Augenblick ausruhend, die Handarbeit an die Brust, „niemand ist es, die Gasse ist leer, alle unsere Kundschaft ist versorgt; wir können für Tage das Geschäft sperren und ausruhn."

„Aber ich sitze doch hier auf dem Kübel", rufe ich und gefühllose Tränen der Kälte verschleiern mir die Augen, „bitte seht doch herauf; Ihr werdet mich gleich entdecken; um eine Schaufel voll bitte ich; und gebt Ihr zwei, macht Ihr mich überglücklich. Es ist doch schon alle übrige Kundschaft versorgt. Ach, hörte ich es doch schon in den Kübel klappern!"

„Ich komme", sagt der Händler und kurzbeinig will er die Kellertreppe emporsteigen, aber die Frau ist schon bei ihm, hält ihn beim Arm fest und sagt: „Du bleibst. Lässt du von deinem Eigensinn nicht ab, so gehe ich hinauf. Erinnere dich an deinen schweren Husten heute Nacht. Aber für ein Geschäft und sei es auch nur ein eingebildetes, vergisst du Frau und Kind und opferst deine Lunge. Ich gehe." „Dann nenn ihm aber alle Sorten, die wir auf Lager haben; die Preise rufe ich dir nach." „Gut", sagt die Frau und steigt zur Gasse auf. Natürlich sieht sie mich gleich. „Frau Kohlenhändlerin", rufe ich, „ergebenen Gruß; nur eine Schaufel Kohle; gleich hier in den Kübel; ich führe sie selbst nach Hause; eine Schaufel von der schlechtesten. Ich bezahle sie natürlich voll, aber nicht gleich, nicht gleich." Was für ein Glockenklang sind die zwei Worte ‚nicht gleich' und wie sinnverwirrend mischen sie sich mit dem Abendläuten, das eben vom nahen Kirchturm zu hören ist!

„Was will er also haben?", ruft der Händler. „Nichts", ruft die Frau zurück, „es ist ja nichts; ich sehe nichts, ich höre nichts; nur sechs Uhr läutet es und wir schließen. Ungeheuer ist die Kälte; morgen werden wir wahrscheinlich noch viel Arbeit haben."

Sie sieht nichts und hört nichts; aber dennoch löst sie das Schürzenband und versucht mich mit der Schürze fortzuwehen. Leider gelingt es. Alle Vorzüge eines guten Reittieres hat mein Kübel, Widerstandskraft hat er nicht; zu leicht ist er; eine Frauenschürze jagt ihm die Beine vom Boden.

Teil 4

„Du Böse", rufe ich noch zurück, während sie, zum Geschäft sich wendend, halb verächtlich, halb befriedigt mit der Hand in die Luft schlägt, „du Böse! Um eine Schaufel von der schlechtesten habe ich gebeten und du hast sie mir nicht gegeben." Und dann steige ich in die Regionen der Eisgebirge und verliere mich auf Nimmerwiedersehen.

(e 1917, v 1921)

Methode

Arbeitsschritt 1: Was sagt mir der Text? Wie wirkt der Text auf mich?

Spontane Reaktion und erster Deutungsansatz

Bereits beim überfliegenden Lesen des zu analysierenden Textes ergeben sich beim Leser im Sinne eines Verstehensprozesses bestimmte Gedanken und Empfindungen. Diese ersten spontanen Eindrücke und Reaktionen gilt es festzuhalten.

Nach nochmaligem Lesen, z. B. einem inhaltssichernden, strukturierenden oder selektiven Lesen, kann ein erster Verstehensansatz (Deutungshypothese) formuliert werden: Worum geht es in diesem Text?

(1) Notieren Sie in Stichworten Ihre ersten Leseeindrücke und Reaktionen.

(2) Formulieren Sie einen ersten Verstehensansatz; dieser hängt mit der Thematik der Parabel zusammen; wählen Sie dazu eine der folgenden Formulierungen:
In dieser Parabel geht es ...; In dieser Parabel stellt der Erzähler dar, ...; Der Text wirkt ...

Methode

Arbeitsschritt 2: Was steht im Text?

Als Nächstes geht es um genaues, möglicherweise wiederholtes Lesen und um ein genaues Erschließen und Verstehen des Textes. In dieser Arbeitsphase werden Textbeobachtungen festgehalten, indem Wichtiges im Text markiert und Randnotizen gemacht werden.

Dies sind mögliche Fragestellungen für ein *genaues analysierendes Beschreiben*:

- Um welches Thema geht es? Wie lässt sich der Inhalt knapp zusammenfassen?
- Wie ist die Überschrift diesem Thema zuzuordnen? Wie ist der Text aufgebaut, welche Inhaltsabschnitte sind erkennbar?
- Wie werden die Personen gekennzeichnet, wie wird deren Beziehung zu anderen Personen (Figurenkonstellation) dargestellt?
- Was fällt an der Sprache auf (z. B. Wortwahl, Satzbau, Sprachebene, Symbolik, Metaphorik), welche Funktion haben diese Auffälligkeiten für Aussage und Wirkung?
- Wie ist der Erzähler zu kennzeichnen (Erzählverhalten: auktorial, personal, neutral; Erzählerstandpunkt: Zustimmung, Ablehnung, Kritik, Mitgefühl)?
- Welcher epischen Textart ist der Text zuzuordnen?
- Was ist mir über die zeitlichen Zusammenhänge bekannt, die in dem Text eine Rolle spielen?
- Was ist mir über den Verfasser des Textes bekannt?

(1) Beantworten Sie möglichst textnah die folgenden Fragen:

a) Wie ist die inhaltliche Abfolge des Geschehens gegliedert? Übernehmen Sie die im Text markierten Abschnitte; formulieren Sie Inhaltsüberschriften.

1. Zeile ________ bis Zeile ________: ______________________________

2. ______________________________

3. ______________________________

4. ______________________________

b) Welche Personen treten auf? Wie sind sie gekennzeichnet?
Markieren Sie zunächst im Text (S. 57 f.), fassen Sie danach stichwortartig zusammen.

Kübelreiter:

____

____

____

Kohlenhändler:

____

____

____

Frau des Kohlenhändlers:

____

____

____

____

____

____

c) Wo spielt sich das Geschehen ab?

____

____

____

d) Um welche Thematik geht es?

____

____

____

e) Wie ist der Erzähler zu kennzeichnen?

f) Was fällt Ihnen an der Textart/Form und Sprache des Textes auf?

Information

Die Parabel

Die Parabel ist eine **epische Kurzform**. Wie die Fabel ist auch die Parabel eine didaktische Gattung, eine Form gleichnishafter Rede, die sowohl eine informative als auch eine auf den Hörer/Leser bezogene appellative Funktion hat. Es geht um die Verbildlichung von Gedanken, indem ein allgemeiner Sachverhalt in eine anschauliche Erzählung gekleidet wird. Der Lehrcharakter der Parabel ist oft geprägt durch den Bezug zum religiösen Bereich; wo dieser Bezug verloren gegangen ist, wird die Parabel zur Form der Existenzdeutung oder zum Instrument gesellschaftskritischer Auseinandersetzung.

Wie die Fabel enthält die Parabel einen **Bildteil** (Erzähltes) und einen **Sachteil** (Gemeintes). Innerhalb des Bildteils finden sich bei der Parabel jedoch **keine eindeutigen Hinweise auf die zu entschlüsselnden Zusammenhänge** des gemeinten Sachverhalts. Die Relation zwischen Bild- und Sachteil muss im Denkvorgang der Analogie erschlossen werden. Die vergleichende Rückbeziehung auf das Gemeinte erfolgt über ein „gemeinsames Drittes" (tertium comparationis), das heißt etwas, das dem Bildteil und dem mit dem Bild gemeinten Zusammenhang (Sachteil) gemeinsam ist.

Die Parabel kann eine **offene Form** haben (verrätselt, oft religiöse oder metaphysische Bedeutung); sie kann auch eine **geschlossene Form** haben, bei der die Lehre oder Erkenntnis ausgesprochen wird.

g) Welche zeitgeschichtlichen Zusammenhänge könnten angesprochen sein? Beachten Sie das Entstehungsdatum.

h) Welche Details sind Ihnen über den Verfasser Franz Kafka und seine Werke bekannt?

Methode

Arbeitsschritt 3: Welchen Sinn hat der Text? Welche Aussage macht er?

Es geht bei diesem Arbeitsschritt darum, den ersten Verstehensansatz (s. Schritt 1) zu überprüfen. Dabei muss auf die Ergebnisse des 2. Arbeitsschrittes zurückgegriffen werden; diese müssen im Zusammenhang gedeutet werden. Die Deutung kann durch **Kontextualisierung** abgesichert werden.

Information

Franz Kafka gilt als Ausnahmeerscheinung seiner Zeit. Von zeitgenössischen Literaturhistorikern wird Kafka sowohl den Expressionisten als auch der Literatur der Weimarer Republik zugeordnet.

Unumstritten ist sein moderner Erzählstil, der die Machtverhältnisse der neuen Zeit sowie die Zwänge offenbart, unter denen der einzelne Mensch steht. Kafka thematisiert in seinem Werk, das vom Leser oft als dunkel und rätselhaft empfunden wird, auch eigene Ängste und Erfahrungen des Nichtverstandenwerdens, des Fremdseins, der Isolation – die Erfahrung, fremden, anonymen Mächten ausgeliefert zu sein, beängstigende Albträume der Verwandlung in tierische Existenzformen. Er antwortet mit seinem Werk somit auf eine Welt, die ihm fremd, unverständlich und feindlich erscheint.

Prägend für Kafkas Werk ist seine Erziehung durch die Eltern, deren Lebenseinstellung materiellen Gewinn und sozialen Aufstieg voranstellte. Vor allem der Vater beeinflusst den sensiblen Franz Kafka, der sich durch den erfolgsorientierten Kaufmann und strengen, überlegenen Mann in seiner individuellen Entfaltung unterdrückt fühlt. In vielen seiner Erzählungen findet sich das Motiv des unterdrückten Menschen, der durch eine zum Teil unbekannte Macht beherrscht oder sogar gedemütigt wird. Die Frage nach dem Sinn der Existenz klingt in seinem gesamten Werk an. Durch sein Leben in einer Gesellschaft, die noch stark von Werten und Traditionen des 19. Jahrhunderts beeinflusst ist, entwickelt er Zweifel an der bestehenden Gesellschaftsordnung. Als Angestellter bei einer großen Versicherungsgesellschaft wird ihm das tägliche Ausgeliefertsein des Menschen an anonyme Mächte der Gesellschaft bewusst. So finden sich in Kafkas Werk auch die Motive der Lebens- und Existenzangst des Menschen sowie Einsamkeit und Selbstentfremdung des Einzelnen. Das Schreiben scheint Kafka bei der Suche nach Lösungen zu helfen. Seine Werke sind als verarbeitende Prozesse zu verstehen, die eine grundsätzliche Offenheit der Deutung in ihren werkimmanenten Bedeutungsgrenzen nahelegen.

Franz Kafka veröffentlicht selbst nur wenige Werke, die meisten werden erst nach seinem Tod durch seinen Freund Max Brod herausgegeben, obwohl Kafka selbst ihre Vernichtung wollte.

1. Formulieren Sie in knapper Form, worum es in dieser Parabel geht. Überlegen Sie dabei, ob Sie Ihre erste Deutungshypothese (s. S. 59, Aufgabe 2) beibehalten, ergänzen, korrigieren oder verwerfen möchten.

Methode

Arbeitsschritt 4: Wie gliedere ich meine Darstellung?

Für die schriftliche Darstellung sollte ein **Schreibplan** nach folgendem Muster angelegt werden:

Einleitung
- knappe Hinweise zur Einordnung des Textes: Titel, Autor, Textart, Inhalt, Entstehungszusammenhang, Veröffentlichung
- Formulierung eines ersten Deutungsansatzes als Ergebnis einer ersten Auseinandersetzung mit dem Text

Hauptteil
Der Hauptteil muss die zentralen Untersuchungsgesichtspunkte enthalten (siehe oben). Als Faustregel gilt: keine Deutung ohne vorhergehende Beschreibung von Einzelheiten. Beschreibende und deutende Teile sind deutlich aufeinander zu beziehen. Es wird zurückgegriffen auf den ersten Deutungsansatz (Hypothese) der Einleitung: Dieser Ansatz wird entweder bestätigt und weitergeführt, verändert oder als falsch erkannt und korrigiert.

Schlussteil
Für den Schlussteil gibt es mehrere Möglichkeiten, z. B.:
- das Ergebnis der Analyse in Beziehung zum ersten Deutungs- und Verstehensansatz in der Einleitung setzen
- in Form eines Fazits die Ergebnisse knapp zusammenfassen
- den Text beurteilen

(1) Verfassen Sie eine Analyse im Sinne der folgenden Aufgabenstellung, wobei Sie die Ergebnisse der vorangehenden Arbeit (vgl. Aufgabenstellungen und Lösungen) nutzen.

Aufgabenstellung:
a) Beschreiben und deuten Sie die Parabel von Franz Kafka „Der Kübelreiter".
b) Erläutern Sie, inwieweit die Parabel typisch für das Werk Franz Kafkas ist.

Methode

Arbeitsschritt 5: Wie überarbeite ich meine Darstellung?

Bei der Überarbeitung des ersten schriftlichen Entwurfs ist besonders auf Folgendes zu achten:
- klare Gliederung: Abschnitte machen
- präzise Wortwahl, Gebrauch fachsprachlicher Begriffe, Vermeidung von umgangssprachlichen Begriffen, Modewörtern, unverbindlichen Füllwörtern
- Zitate als Belege
- klarer Schreibstil: keine „Bandwurmsätze", aber auch nicht nur Satzreihungen; logische Verknüpfungen mithilfe sprachlicher Konnektoren (*weil, dennoch, einerseits ... andererseits, ...*)
- sprachliche Korrektheit: Rechtschreibung, Zeichensetzung, Grammatik

Hinweis: Die Basiskompetenz *Überarbeiten* können Sie auf S. 40 ff. trainieren.

Vergleichende Analyse von fiktionalen Texten

Brüder Grimm

Sterntaler

Es war einmal ein kleines Mädchen, dem war Vater und Mutter gestorben, und es war so arm, dass es kein Kämmerchen mehr hatte, darin zu wohnen, und kein Bettchen mehr, darin zu schlafen, und endlich gar nichts mehr als die Kleider auf dem Leib und ein Stückchen Brot in der Hand, das ihm ein mitleidiges Herz geschenkt hatte. Es war aber gut und fromm. Und weil es so von aller Welt verlassen war, ging es im Vertrauen auf den lieben Gott hinaus ins Feld. Da begegnete ihm ein armer Mann, der sprach: „Ach, gib mir etwas zu essen, ich bin so hungrig." Es reichte ihm das ganze Stückchen Brot und sagte: „Gott segne dir's", und ging weiter. Da kam ein Kind, das jammerte und sprach: „Es friert mich so an meinem Kopfe, schenk mir etwas, womit ich ihn bedecken kann." Da tat es seine Mütze ab und gab sie ihm. Und als es noch eine Weile gegangen war, kam wieder ein Kind und hatte kein Leibchen an und fror; da gab es ihm seins; und noch weiter, da bat eins um ein Röcklein, das gab es auch von sich hin. Endlich gelangte es in einen Wald und es war schon dunkel geworden, da kam noch eins und bat um ein Hemdlein und das fromme Mädchen dachte: „Es ist dunkle Nacht, da sieht dich niemand, du kannst wohl dein Hemd weggeben", und zog das Hemd ab und gab es auch noch hin. Und wie es so stand und gar nichts mehr hatte, fielen auf einmal die Sterne vom Himmel und waren lauter harte, blanke Taler; und ob es gleich sein Hemdlein weggegeben, so hatte es ein neues an und das war vom allerfeinsten Linnen. Da sammelte es sich die Taler hinein und war reich für sein Lebtag.

Georg Büchner

Märchen der Großmutter

(Auszug aus dem Drama „Woyzeck")

GROSSMUTTER: [...] – Es war einmal ein arm Kind und hatt kein Vater und keine Mutter, war alles tot und war niemand mehr auf der Welt. Alles tot, und es is hingangen und hat gesucht Tag und Nacht. Und weil auf der Erde niemand mehr war, wollt's in Himmel gehn, und der Mond guckt es so freundlich an; und wie es endlich zum Mond kam, war's ein Stück faul Holz. Und da is es zur

Sonn gangen, und wie es zur Sonn kam, war's ein verwelkt Sonneblum. Und wie's zu den Sternen kam, waren's kleine goldne Mücken, die waren angesteckt, wie der Neuntöter sie auf die Schlehen steckt. Und wie's wieder auf die Erde wollt, war die Erde ein umgestürzter Hafen. Und es war ganz allein, und da hat sich's hingesetzt and geweint, und da sitzt es noch und is ganz allein.

(e 1836, v 1877)

Information

Textvergleich

Bei einem Vergleich zweier Texte ist immer davon auszugehen, dass die Texte

- etwas gemeinsam haben,
- sich in einzelnen Aspekten unterscheiden.

Für einen Textvergleich bieten sich die folgenden zwei Vorgehensweisen an:
a) der Vergleich als eigenständiger Textteil
Man analysiert in knapper Form die beiden Texte hintereinander und schließt den Vergleich als dritten Teil an, indem die Ergebnisse der Analyse der beiden Einzeltexte gebündelt und systematisch miteinander verglichen werden.
Im Überblick:

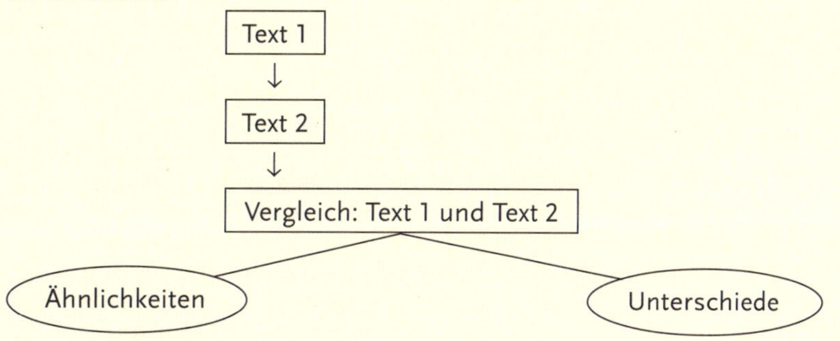

b) der aspektorientierte Vergleich
Zunächst wird einer der beiden Texte analysiert; man beginnt am besten mit dem Text, der einem am meisten zu sagen hat. An die Analyse des ersten Textes schließt die Analyse des zweiten Textes an, und zwar so, dass während der Analyse des zweiten Textes bereits Vergleichsgesichtspunkte (Gemeinsamkeiten/Unterschiede) einbezogen werden. Den roten Faden dieses zweiten Teils bilden also die Vergleichskriterien. Ein zusätzlich vergleichender Abschnitt ist dann nicht mehr notwendig.
Im Überblick:

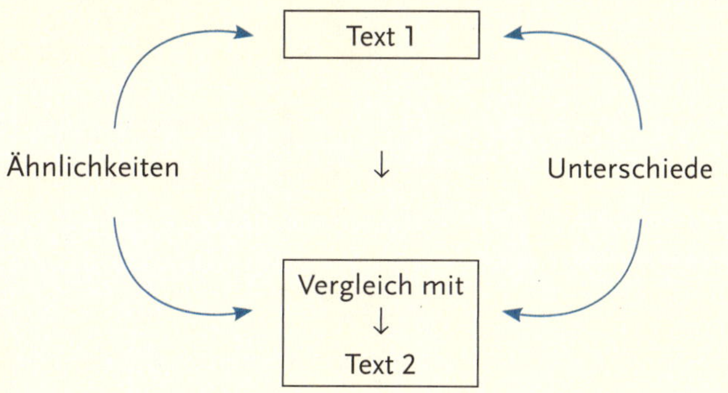

Bei dem folgenden Textvergleich wird nach der Vorgehensweise a) verfahren. Dabei besteht der Vergleich aus drei Teilen:

1. Analyse des Märchens „Sterntaler“ (Brüder Grimm),
2. Analyse des Textes „Märchen der Großmutter“ (Georg Büchner),
3. Vergleich der beiden Texte.

Methode

Arbeitsschritte zur Analyse eines literarischen Textes

1. Schritt: Was sagt mir der Text? Wie wirkt der Text auf mich?
Aufgabenstellung klären; Text überfliegend lesen; erste Eindrücke formulieren; nach nochmaligem Lesen ersten Verstehens- und Deutungsansatz formulieren

2. Schritt: Was steht im Text? Wie erschließe ich mir den Text?
Text durch genaues, markierendes Lesen erschließen; dabei je nach literarischer Textart die entsprechenden Fachbegriffe zur Analyse lyrischer, epischer oder dramatischer Texte nutzen

3. Schritt: Welchen Sinn hat der Text, welche Aussage macht er? Welche Deutung lässt er zu?
Ersten Deutungsansatz überprüfen, d.h. bestätigen, korrigieren/modifizieren oder verwerfen; aktuelle, lebenspraktische Bedeutung des Textes erschließen; Deutung durch Kontextualisierung absichern

4. Schritt: Wie gliedere ich meine Arbeitsergebnisse für die schriftliche Darstellung?
Zunächst einen Schreibplan anfertigen; gliedern nach Einleitungsteil, Hauptteil und Schlussteil

5. Schritt: Wie formuliere ich? Wie überarbeite ich meinen Entwurf?
Text nach logischen, sprachlichen und orthografischen Gesichtspunkten überarbeiten; wichtig sind Leserhilfen und Lesersteuerung sowie die Verwendung sprachlicher Konnektoren, um den Text stimmig und dicht zu gestalten

1. Analyse des Märchens „Sterntaler“ (Brüder Grimm)

Arbeitsschritt 1: Was sagt mir der Text? Wie wirkt der Text auf mich?

(1) Lesen Sie das Märchen aufmerksam durch; formulieren Sie stichwortartig erste Eindrücke und einen ersten Deutungsansatz.

___

___

___

Arbeitsschritt 2: Was steht im Text? Wie erschließe ich mir den Text?

(1) Lesen Sie den Text noch einmal sehr genau; arbeiten Sie mit Textmarkierungen und/oder stichwortartigen Notizen am Rand (s. S. 64). Bearbeiten Sie die folgenden Aufgabenstellungen.

a) Skizzieren Sie die inhaltliche Gliederung des Textes. Geben Sie in der Klammer Zeilenangaben an.

Ausgangssituation (____________) – ____________________

___

Hauptteil (____________)

- armer Mann – ____________________
- erstes Kind – ____________________

- zweites Kind – ____________________
- drittes Kind – ____________________
- viertes Kind – ____________________

Schlussteil (____________) – ____________________

____

b) Kennzeichnen Sie den Text als typisches Märchen. Nutzen Sie dazu die Hinweise im Infotext.

____

____

____

____

____

Information

Märchen

Grundlage einer Merkmalsbestimmung des Volksmärchens sind vor allem die Märchensammlungen der Brüder Grimm „Kinder- und Hausmärchen" (1812/1815).

Allgemeine Merkmale

- Das Märchen ist ein erzählender Text und eine Form der Volkspoesie, wobei sich mündliche und literarische Traditionen mischen.
- Es gehört zu den epischen Kurzformen.
- In der Art der Figuren-, Zeit- und Raumgestaltung wird der Eindruck vermittelt, dass es sich nicht um tatsächliche, reale Begebenheiten handelt, sondern dass eine utopische, märchenhaft-wunderbare Gegenwelt aufgezeigt wird.
- Das Märchen thematisiert Formen menschlicher Denkweise: gut, böse, fromm, unglücklich, glücklich sein.

Form

- Die Grundkonstellation der Märchenhandlung besteht in der Opposition von Spannung und Lösung, von Mangel und Reichtum, von Unglück und Glück.
- Oft wird das Geschehen in drei Handlungsschritten dargestellt: a) Mangelsituation (Notlage, Schwierigkeit), b) Aufgaben, die zu lösen sind, c) Endsituation (Belohnung, Erlösung). Die Verknüpfung dieser Handlungselemente erfolgt nach dem Prinzip der Reihung.
- Formelhafter Erzählstil: Wiederholungen (oft Dreizahl), Variationen, Kontrastierungen (gut/böse), Steigerungen, Beschwörungsformeln, Lieder, Verse; formelhafte Wendungen am Anfang („Es war einmal") und am Schluss („... und wenn sie nicht gestorben sind ...") strukturieren den Aufbau des Textes.
- Keine Form individuellen Erzählens, sondern durch kollektive Erzählmuster bestimmt: einfache, einsträngige Handlung (emotional leicht nachvollziehbar)

Handlungsträger/Figur

- Keine individuelle Figuren, sondern typisierte Handlungsträger (vgl. auch Namensgebung: Rotkäppchen, Brüderchen und Schwesterchen)
- Figuren haben nur wenige typische Eigenschaften: gut, böse, fromm.
- Der Held/die Heldin hat die Fähigkeit, das Wunderbare und Übernatürliche als alltäglich zu erleben.

Zeit und Raum

- Zeitangaben sind eher unbestimmt (einmal, an einem Abend); sie dienen der atmosphärischen Verdichtung. Die Formel „Es war einmal" will nicht die Vergangenheit des Erzählten betonen, sondern verdeutlichen, dass das, was einmal war, immer wieder sein kann. Das Geschehen spielt in einem geschichtslosen Raum.
- Raumdarstellung betont den abstrakten Erzählstil; Geschehen spielt an nicht näher bezeichneten Schauplätzen: Wiese, Feld, Wald, Haus, Schloss. Irdische, überirdische und unterirdische Räume werden mit der gleichen Selbstverständlichkeit durchschritten.

Sinn/Bedeutung

Das Sinnkonzept ergibt sich aus den Bildern, die keine konkreten unverwechselbaren Begebenheiten spiegeln, sondern Grundkonstellationen der menschlichen Existenz wie Armut, Reichtum, Unglück, Glück, Gutsein, Bösesein, Diesseits, Jenseits.

c) Erläutern Sie, inwieweit das Märchen typisch für die Zeit der Romantik ist. Beachten Sie die Hinweise im Infokasten.

Information

Märchen in der Zeit der Romantik (um 1795 bis 1840)

Die Brüder Jacob (1785–1863) und Wilhelm Grimm (1786–1859) wirkten in der Zeit der Romantik (um 1795–1840). Sie sammelten mündlich überlieferte alte Märchen und Sagen, überarbeiteten sie und schrieben sie auf: „Kinder- und Hausmärchen" (1811/1815). Die Märchen der Brüder Grimm wurden im Jahr 2005 in das Weltdokumentenerbe der UNESCO aufgenommen.
In der Romantik wird die Volkspoesie, das sind vor allem Volksmärchen und Volkslieder, als Urgrund aller Dichtung angesehen; sie gelten als urtümliche Formen von Einheit und Harmonie. Mit dieser Hochschätzung der Volkspoesie glaubt man auch, die Kluft zwischen den „Gebildeten" und dem Volk zu überbrücken.

Arbeitsschritt 3: Welchen Sinn hat der Text? Welche Aussage macht er? Welche Deutung lässt er zu?

(1) Nehmen Sie Bezug auf den 1. Schritt (S. 66), indem Sie auf Ihren anfänglichen Deutungsansatz zurückgreifen und diesen bestätigen, erweitern oder neu formulieren. Fassen Sie knapp zusammen, worum es in diesem Text gehen könnte.

2. Analyse des Textes „Märchen der Großmutter" (Georg Büchner)

Arbeitsschritt 1: Was sagt mir der Text? Wie wirkt der Text auf mich?

(1) Schreiben Sie stichwortartig alle Eindrücke und spontanen Beobachtungen auf, die sich nach dem ersten Lesen ergeben haben.

Arbeitsschritt 2: Was steht im Text? Wie erschließe ich mir den Text?

(1) Bei diesem Schritt geht es vor allem um genaues, markierendes Lesen des Textes und um das Anlegen knapper Randnotizen. Arbeiten Sie am Text und/oder notieren Sie stichwortartig.

a) Beschreiben Sie in knapper Form das Schicksal des Kindes.

b) Erläutern Sie die sprachliche Form.

c) Erklären Sie, dass der Text aus einem Drama, einem Theaterstück stammt, bei dem die Figuren auf der Bühne agieren und miteinander sprechen.

d) Erläutern Sie stichwortartig anhand des folgenden Infotextes, welche Bedeutung dieser Text im Rahmen des Dramas haben könnte und in welcher Weise sich darin das Schicksal der Hauptfigur Woyzeck spiegeln könnte.

Information

Inhaltsangabe zum Drama „Woyzeck“ (Georg Büchner)

Das soziale Drama „Woyzeck“ ist ein Fragment aus zum Teil sehr kurzen Szenen, deren Reihenfolge nicht von Georg Büchner festgelegt bzw. dokumentiert wurde. Auch der Schluss bleibt offen. In den einzelnen Szenen werden die Lebenssituation des armen, einfachen Soldaten Franz Woyzeck und seine Beziehungen zu unterschiedlichen Personen in den Blick des Lesers bzw. Zuschauers gerückt.
Dargestellt wird unter anderem das Abhängigkeitsverhältnis zu seinem Vorgesetzten, dem Hauptmann. Marie, eine schöne und lebenslustige Frau, ist seine Geliebte und die Mutter seines Sohnes; sie verkörpert seinen gesamten Lebenssinn. Um für Marie und das Kind zusätzlich etwas Geld zu verdienen, stellt er sich einem Arzt und Universitätslehrer als Versuchsperson zur Verfügung. Der Arzt gibt ihm nur noch Erbsen zu essen, macht sich mit seinen Studenten über ihn lustig und studiert mit ihnen den fortschreitenden gesundheitlichen Verfall seines Opfers. Marie wendet sich dem Tambourmajor, einem stärkeren und für sie attraktiveren Mann zu.

Als Woyzeck von diesem Verhältnis erfährt, sieht er seinen Lebenssinn zerstört. Er kauft sich ein Messer und ermordet Marie.
Das Ende der Tragödie bleibt offen. Es kann zum Beispiel der Selbstmord Woyzecks oder eine Gerichtsverhandlung sein.
Das **Märchen der Großmutter** (im hinteren Teil des Dramenfragments) hängt eng mit dem dichterischen Selbstverständnis Büchners und seiner zentralen Frage „Was ist der Mensch?" zusammen. Die Großmutter tritt nur an dieser Stelle auf, ist also keine zentrale Dramenfigur; sie gibt jedoch mit dem Märchen eine Art Selbstinterpretation des Dramas: das Schicksal des Kindes im Märchen spiegelt deutlich das Schicksal Woyzecks: seine Einsamkeit, Ausweglosigkeit und Hoffnungslosigkeit.

Realistische Strömungen der Literatur im 19. Jahrhundert (um 1830–1890)
Georg Büchners Werk ist im Rahmen der realistischen Ausrichtung der Literatur des 19. Jahrhunderts zu sehen. Die Welt soll mit den künstlerischen Mitteln der Literatur so gezeigt werden wie sie ist. Zum ersten Mal wird mit Woyzeck ein Mensch aus der unteren sozialen Schicht zum „Helden" bzw. „Antihelden" eines dramatischen Werks.

Arbeitsschritt 3: Welchen Sinn hat der Text? Welche Aussage macht er? Welche Deutung lässt er zu?

(1) Nehmen Sie Bezug auf den 1. Schritt (S. 68), indem Sie auf Ihren anfänglichen Deutungsansatz zurückgreifen und diesen bestätigen, erweitern oder neu formulieren. Fassen Sie knapp zusammen, worum es in diesem Text gehen könnte.

____

____

____

____

____

3. Vergleich: Brüder Grimm, „Sterntaler"; Georg Büchner, „Märchen der Großmutter" (aus dem Drama „Woyzeck")

(1) Bei dem folgenden Vergleich können Sie die Erkenntnisse nutzen, die Sie bei den Arbeitsschritten 1–3 gewonnen haben (s. S. 66 – 70).

a) Vergleichen Sie jeweils das Schicksal des Märchenhelden.

„Sterntaler": ____

____

____

„Märchen der Großmutter": ____

____

____

b) Vergleichen Sie jeweils die Form.

„Sterntaler": ____

____

____

„Märchen der Großmutter“: ______________________________

____

____

c) Vergleichen Sie Kernaussage und Sinn.

„Sterntaler“: ______________________________

____

____

„Märchen der Großmutter“: ______________________________

____

____

d) Vergleichen Sie die literaturgeschichtlichen Zusammenhänge der beiden Texte (s. S. 68 und 70).

„Sterntaler“: ______________________________

____

____

„Märchen der Großmutter“: ______________________________

____

____

____

____

____

____

Arbeitsschritt 4: Wie gliedere ich meine Arbeitsergebnisse für die schriftliche Darstellung?

Methode

Gliederungsmöglichkeit

Einführung
knappe Hinweise zur Einordnung der beiden Texte: jeweils Angabe von Autor, Titel, Thematik, literaturgeschichtliche Einordnung, Aufgabenstellung

Hauptteil
- Analyse von Text 1: Brüder Grimm, „Sterntaler“ (Arbeitsschritte 1, 2 und 3; vgl. Übersicht S. 66)
- Analyse von Text 2: Georg Büchner, „Märchen der Großmutter“ (Arbeitsschritte 1, 2 und 3)
- Vergleich der beiden Texte auf der Basis wichtiger Vergleichsaspekte

Schlussteil
knappe Zusammenfassung als Fazit
oder
Aussage der Texte und ihr jeweiliger Bezug zur Lebenspraxis

Arbeitsschritt 5: Wie formuliere ich? Wie überarbeite ich meinen Entwurf?

Verwenden Sie bei der Ausarbeitung die Formulierungshilfen im Infokasten (s. S. 19 f.). Vergessen Sie nicht, Ihren Entwurf zu überarbeiten. Nutzen Sie dazu auch Leserhilfen und Möglichkeiten der Lesersteuerung sowie den Einbau sprachlicher Konnektoren (S. 19 f.).

Textvergleich: „Sterntaler“ (Brüder Grimm) und „Märchen der Großmutter“ (Georg Büchner)

In beiden Texten mit märchenhafter Handlung geht es um das Schicksal eines armen Kindes, das zur Waise geworden ist.
In dem Text „Sterntaler“ verlässt ein kleines Mädchen, das arm ist und Vater und Mutter verloren hat, im Vertrauen auf Gott sein Zuhause. Als einziger Besitz sind ihm die Kleider geblieben, die es am Leibe trägt, und ein Stück Brot. Diese letzten Habseligkeiten schenkt das Mädchen nach und nach einem hungrigen Mann und frierenden Kindern. Das Kind wird dafür am Schluss belohnt durch Sterntaler, die vom Himmel fallen und die auf einmal „harte, blanke Taler“ (Z. 31) sind und die das Mädchen „reich für sein Lebtag“ (Z. 34) machen. Der Text ist ein typisches Märchen. Das zeigt bereits die Formulierung am Anfang „Es war einmal“. Das zeigt auch der Schlussteil, in dem dargestellt wird, wie die „Heldin“ für ihr Mitleid, ihre Freigebigkeit und Güte mit Reichtum belohnt wird.
Bei dem Text von Georg Büchner handelt es sich ebenfalls um ein armes Waisenkind. Deutlich wird hier jedoch schon am Anfang die totale Isolierung und Einsamkeit des Kindes dargestellt: „war alles tot und war niemand mehr auf der Welt“. Das Kind hat Tag und Nacht jemanden gesucht. Es verlässt die menschenleere Erde und will in den Himmel gehen. Aber es findet nirgends ein Zuhause. Mond, Sonne, Sterne und schließlich auch die Erde erweisen sich als trügerische Hoffnungen. Als das Kind nirgends eine Bleibe findet, setzt es sich hin und weint. Es bleibt allein.
Der Text von Büchner stellt eher ein Antimärchen dar, weil das positive Ende, die Belohnung des „Märchenhelden“, fehlt. Der Text ist offensichtlich ein mündlich erzählter Text, denn manche Ausdrücke wirken mundartlich: „arm Kind“, „ein Stück faul Holz“. Der Text enthält eine pessimistische Weltsicht, weil die Einsamkeit am Schluss endgültig ist und eine Besserung dieses Zustandes nicht zu erwarten ist.
Zwar sind die Hauptpersonen in beiden Texten Kinder, beide sind arme Waisen. In beiden Texten gibt es märchenhafte Motive: Beide fangen mit „Es war einmal“ an, in beiden ist die Handlung märchenhaft. Deutlich aber fallen die Unterschiede ins Auge. Während im Sterntaler-Märchen das Mädchen voller Gottvertrauen in die Welt hinausgeht, seine gesamte Habe verschenkt und schließlich durch Reichtum belohnt wird, hat das Kind in der Erzählung Georg Büchners niemanden mehr auf der Welt. So wird am Anfang der Ausdruck „alles tot“ wiederholt. Das Kind sucht vergebens ein Zuhause. Alle Hoffnungsziele erweisen sich als Lug und Trug. Am Schluss sind Einsamkeit und Isolation des Kindes endgültig. Es bleibt allein und weint. Diese Weltsicht wirkt sehr pessimistisch und trostlos. Trotz der märchenhaften Motive ist deshalb dieser Text eher ein Antimärchen.
Demgegenüber wirkt die Weltsicht in dem typischen Märchen der Brüder Grimm positiv, weil das Mädchen für ein moralisch gutes Verhalten belohnt wird und damit sein Glück findet.
Auch sprachlich unterscheiden sich beide Texte sehr deutlich: Das Märchen der Brüder Grimm enthält ausformulierte Sätze und zum Teil lange Satzgefüge. Der Text wirkt eher schriftsprachlich. Er enthält Formulierungen, die ihn deutlich als älter kennzeichnen („Gott segne dir's“).
Demgegenüber ist das Antimärchen Büchners deutlich ein mündlich erzählter Text. Dies belegen auch die kurzen, zum Teil unvollständigen Sätze sowie mundartliche Formulierungen. Bei diesen beiden Texten sind die Unterschiede entschieden größer als die Gemeinsamkeiten. Mir persönlich gefällt die positive Weltsicht des Märchens der Brüder

Grimm besser, weil mich das trostlose Schicksal des armen Kindes im Text von Georg Büchner eher traurig stimmt.

(Eva-Maria Spielmann)

1. Der Textvergleich stammt von einer Schülerin. Beurteilen Sie, welche Form des Vergleichs (s. S. 65) die Schülerin wählt. Markieren Sie ggf. im Text.

---

2. Welche Vergleichsgesichtspunkte sind Ihrer Meinung nach vernachlässigt oder gänzlich ausgelassen worden? Welche Kritik ergibt sich außerdem?

---

3. Ergänzen und überarbeiten Sie entsprechend die Schülerarbeit. Berücksichtigen Sie die Hinweise auf S. 19f. und S. 43.

Weitere Trainingsmöglichkeit

Aufgabentyp: Vergleichende Analyse von zwei literarischen Texten

Aufgabenstellung: Vergleichen Sie die Gedichte „Robinson" von Christa Reinig und „Robinson I" von Karl Krolow. Gehen Sie bei diesem Vergleich auf Überschrift, Kernaussage und auffallende Textmerkmale ein.

Christa Reinig

Robinson

Manchmal weint er wenn die worte
still in seiner kehle stehn
doch er lernt an seinem orte
schweigend mit sich umzugehn

und erfindet alte dinge
halb aus not und halb im spiel
splittert stein zur messerklinge
schnürt die axt an einen stiel

kratzt mit einer muschelkante
seinen namen in die wand
und der allzu oft genannte
wird ihm langsam unbekannt

(1984)

Karl Krolow

Robinson I

Immer wieder strecke ich meine Hand
Nach einem Schiff aus.
Mit der bloßen Faust versuche ich,
Nach seinem Segel zu greifen.
Anfangs fing ich
Verschiedene Fahrzeuge, die sich
Am Horizont zeigten.
Ich fange Forellen so.
Doch der Monsun sah mir
Auf die Finger
Und ließ sie entweichen,
Oder Ruder und Kompass
Brachen. Man muss
Mit Schiffen zart umgehen.
Darum rief ich ihnen Namen nach.
Sie lauteten immer
Wie meiner.

Jetzt lebe ich nur noch
In Gesellschaft mit dem Ungehorsam
Einiger Worte.

(1965)

Information

Allgemeine Formulierungshilfen für das Analysieren und Vergleichen

- **Zur äußeren Form, z. B.:**
  Das Gedicht besteht aus fünf regelmäßig gebauten Strophen ...
  Die Strophen bestehen jeweils aus ... Versen ...
  Es besitzt kein einheitliches Metrum, es ist in freien Rhythmen gestaltet ...
  Die Verse folgen dem Reimschema ...
  Sie folgen keinem einheitlichen Reimschema und Metrum ...

- **Zum Aufbau und zur Gedankenführung, z. B.:**
  Die zentrale Aussage des Gedichts wird bereits in der Überschrift zum Ausdruck gebracht ...
  Das Gedicht zeigt eine deutliche Inhaltsstruktur ...
  Die formale Struktur des Textes ist uneinheitlich ...
  Das Gedicht zeigt deutlich das Bauschema eines ...
  In abgewandelter Form wird die Aussage noch einmal mit dem abschließenden Vers betont ...
  Die erste Strophe enthält den Gedanken, dass ...
  In der zweiten und dritten Strophe wird dieser Gedanke wieder aufgenommen ...
  Das Bild in der ... Strophe betont diesen Aspekt ...
  Die nächste Verszeile variiert den Gedanken ...
  In der nächsten Verszeile wird ein völlig neuer Gedanke angesprochen ...
  Der Text zeigt einen antithetischen Aufbau ...
  Der parallele Aufbau der Strophen verdeutlicht ...
  Die inhaltlichen Variationen in den einzelnen Strophen machen deutlich ...
  Das bewegt wirkende Metrum unterstreicht ...

- **Zum lyrischen Ich/lyrischen Sprecher, z. B.:**
  Es/er gibt sich als ... zu erkennen ...
  Es/er äußert sich in bitterer Ironie/Wehmut und zärtlicher Erinnerung ...
  Es/er wendet sich an ein Du ...
  Es/er appelliert direkt an den Leser ...
  Es/er stellt sich die Frage ...

- **Zur literaturgeschichtlichen Einordnung und zu anderen textexternen Zusammenhängen, z. B.:**
  Das Gedicht drückt ein für die Zeit des/der ... typisches Lebensgefühl aus ...
  Form und Inhalt des Gedichts zeigen deutliche Merkmale eines ...
  Es gehört zu einer Reihe von Gedichten des Verfassers, die ...
  Es zeigt deutliche Bezüge zum ...
  Das Gedicht dokumentiert deutlich ...

Argumentative Entfaltung eines Sachverhalts/eines Problems im Anschluss an eine Textvorlage

Jens Voss

Surfen statt denken

Büffeln ade, es klingt so schön: Fakten, Formeln, Grafiken – alles auf Festplatte gespeichert oder abrufbereit im Internet. Wissen – nur noch ein technisches Problem in einer Gesellschaft, die sich wortselig „Wissensgesellschaft" nennt. Die Sache hat nur einen Haken: Man weiß nur, was man weiß. Mit diesem lapidaren Satz stört der in Bonn lehrende Erziehungswissenschaftler Volker Ladenthin die Plausibilität der Vorstellung, man könne abgespeicherte Informationen einfach abrufen und dann eben „wissen". „Computer und Internet", spottet der Professor, „sind die letzte Hoffnung darauf, das Lernen zu vermeiden".

Ladenthin warnt nicht nur vor falschen Hoffnungen, er schlägt Alarm: Die Informationsbeschaffung per Mausklick hat Nebenwirkungen für die geistige Verfasstheit ganzer Generationen. Wenn Wissen einfach abgerufen wird, verändert sich schleichend auch das Denken. „Wir sind auf dem Wege", warnt Ladenthin, „keine wissenschaftsorientierte Gesellschaft mehr zu sein".

Gerade das Surfen im Internet zeigt augenfällig, worum es geht. Diese Art der Suche nach Informationen gehorcht einem Prinzip, das im Kern zutiefst wissenschaftsfeindlich ist: dem Zufall. Informationen aus dem Internet häufen sich zu Fakteninseln in einem weiten Meer aus Ahnungslosigkeit. Es fehlt die Systematik der Aneignung, es fehlen bewusst gesteuerte Strategien im Fragen, Suchen und Finden einer Lösung für ein Problem – Ladenthin: „Schüler und Studenten arbeiten zunehmend ergebnisorientiert und nicht methodenorientiert." Was dabei auf der Strecke bleibt, nennt er „gewusstes Wissen", Wissen also, das um den Weg und die Mühe des Erkennens weiß. Wis-

sen ohne methodisches Wissen aber sei nicht „zukunftsträchtig“ – es bleibe stumm für kommende Probleme.
Die Folgen sind für Ladenthin bereits bei seinen Studenten klar ablesbar: Bestimmte Fähigkeiten schwinden, die Fähigkeit etwa, sich über längere Intervalle zu konzentrieren oder Problemlösungsstrategien von einem Gebiet auf ein anderes zu übertragen. Forciert wird diese Tendenz für Ladenthin durch die uferlose Bildlichkeit, die im Fernsehen, im Computer oder im Internet zur Vermittlung von Sachverhalten genutzt wird. Komplexe Zusammenhänge werden, visuell so eingängig dargeboten, dass sich die Mühe abstrakten Denkens erübrigt. Der Eindruck, Schüler würden wesentlich mehr Informationen über die Welt aus Fernsehen, Computer und Internet als aus der Schule holen ist eine optische Täuschung: Bilder drängen sich in der Erinnerung viel mächtiger in den Vordergrund als abstraktes Denkvermögen und methodische Fertigkeiten.
Entschieden plädiert [der Erziehungswissenschaftler Volker Ladenthin] für die Rückkehr zu kognitiven, also erkenntnisbestimmen Unterrichtsformen, für die Zurückdrängung spielerischer Elemente in der Schule. Kognitiv bestimmter Unterricht heißt allerdings auch: Unterricht, in dem die Schüler in erster Linie nicht auf den Spaßfaktor an einer Sache, sondern auf die Sache verpflichtet werden – Lustverlust inbegriffen. Ladenthin pocht zudem darauf, dass die Güte solchen Unterrichts nicht daran zu messen ist, wie sehr er lebensweltlich eingebunden ist.

(Rheinische Post, 21.09.1999)

Methode

Schrittfolge bei der textgebundenen Erörterung

Das Schreiben einer textgebundenen Erörterung ist in engem Zusammenhang zu sehen mit der schriftlichen Analyse von Sachtexten und mit der bereits in der Sekundarstufe I erlernten Fähigkeit, ein Sachproblem zu erörtern.
Folgende **Arbeitsschritte** werden empfohlen:

1. Schritt: Was sagt mir der Text?
Aufgabenstellung klären; ersten Überblick über den Text durch orientierendes und selektives Lesen verschaffen

2. Schritt: Was steht im Text? Wie erschließe ich mir den Text?
Argumentationsansatz und -aufbau der Vorlage analysieren; Text sorgfältig durcharbeiten und durch markierendes Lesen erschließen; Notizen machen

3. Schritt: Welche Einstellung habe ich zur Textvorlage?
eigene Einstellung zu Thesen/Argumenten des Verfassers (begründete Zustimmung? begründeter Widerspruch? teilweise Übereinstimmung?) verdeutlichen; kritische Auseinandersetzung mit den Positionen des Verfassers; eigene Auffassung zur Problematik verdeutlichen

4. Schritt: Wie gliedere ich meine Darstellung?

5. Schritt: Wie formuliere ich? Wie überarbeite ich meinen Entwurf?

Arbeitsschritt 1: Ersten Überblick über den Text durch orientierendes und selektives Lesen verschaffen

(1) Lesen Sie den Text; kreuzen Sie an, welche ersten Eindrücke Sie gewonnen haben. Es sind zu den einzelnen Aspekten mehrere Auswahlmöglichkeiten richtig.

a) Art des Sachtextes

- ☐ informierend
- ☐ offenbart persönliche Überzeugungen
- ☐ argumentierend/erörternd
- ☐ appellierend
- ☐ normierend

b) Thematik

- ☐ neuer Lesertyp des überfliegenden Online-Lesers
- ☐ aufgeklärter Leser der Zukunft
- ☐ Infragestellung einseitiger, an den Medien orientierter Informationspraktiken
- ☐ Hinweise auf die Wichtigkeit von Erkenntnismethoden
- ☐ Hinweis auf das Fehlen systematischer Aneignungsformen beim Erwerb des Wissens
- ☐ Plädoyer für eine Lernpraxis, die auf Fernsehen, Computer und Internet verzichtet

c) Art der inhaltlichen Auseinandersetzung mit der Thematik

- ☐ beruft sich auf *eine* Autorität
- ☐ argumentiert teilweise einseitig
- ☐ lässt zu wenig Gegenmeinungen zu Wort kommen
- ☐ argumentiert teilweise polemisch
- ☐ ist in allen Teilen überzeugend
- ☐ geht sachlich auf Detailfragen ein
- ☐ lotet gründlich die einzelnen Standpunkte aus

Arbeitsschritt 2: Was steht im Text? Wie erschließe ich mir den Text?

Lesen Sie den Text noch einmal sehr genau, möglicherweise wiederholt, um die folgenden Fragen beantworten zu können. Nutzen Sie zur Erschließung die Möglichkeiten von Markierungen/Kennzeichnungen im Text und von Randnotizen.

(1) Wann/wo wurde der Text veröffentlicht? Was sagt dies über die angesprochenen Leser und die beabsichtigte Wirkung aus?

(2) Welcher Inhalt/welches Thema/welches Problem wird vor allem angesprochen? Fassen Sie die Kernaussage in knapper Form zusammen.

(3) Entscheiden Sie, welche Argumentationsform in diesem Text im Vordergrund steht. Kreuzen Sie das richtige Kästchen an. Begründen Sie kurz Ihre Wahl.

- ☐ normatives Argument
- ☐ Autoritätsargument
- ☐ Analogie-Argument
- ☐ indirektes Argument
- ☐ Erfahrungsargument
- ☐ Faktenargument
- ☐ Argument, das sich auf Gefühle stützt

(4) Bestimmen Sie die Art der folgenden Argumente zur Thematik (s. Zusammenstellung auf S. 82).

Es ist seit Langem selbstverständlich und gehört zum wissenschaftlichen Arbeiten, dass man sich mit Meinungen und Thesen in Büchern in differenzierender Weise auseinandersetzt, um zu einem eigenen begründeten Standpunkt zu kommen; ebenso selbstverständlich muss es sein, mit Texten aus dem Internet in kritischer Weise umzugehen.

Ich finde es vom Gefühl her einfach nicht richtig, das Internet zu verteufeln. Es ist ein Kommunikationsmittel; wie bei jedem anderen Medium kommt es darauf an, es sinnvoll zu nutzen.

In der Schule wurden wir bereits in der 5. Klasse mit dem Computer vertraut gemacht. Im Verlauf der Schulausbildung wurde immer wieder betont, wie wichtig es für Ausbildung und Beruf ist, den Gebrauch des Computers zu beherrschen. Daher finde ich es nicht richtig, einen Gegensatz aufzubauen zwischen dem Typus des „zappenden“ Internetlesers, der das Denken verlernt hat, und des klassischen Bücherwurms, der sich sein Wissen in langer, mühevoller Kleinarbeit aus Büchern verschafft.

(5) Nennen Sie zu den drei folgenden im Text genannten Thesen jeweils stichwortartig die im Text aufgeführten Argumente und Beispiele/Belege.

a) „Wenn Wissen einfach abgerufen wird, verändert sich schleichend auch das Denken.“ (Z. 15 f.)

b) „Man weiß nur, was man weiß.“ (Z. 5 f.)

c) „Schüler und Studenten arbeiten zunehmend ergebnisorientiert und nicht methodenorientiert.“ (Z. 27 f.)

d) Bestimmte Fähigkeiten schwinden, zum Beispiel die, sich über längere Zeit zu konzentrieren und Problemlösungsstrategien auf andere Sachverhalte zu übertragen. (Vgl. Z. 34 ff.)

(6) Notieren Sie zu den folgenden rhetorischen Mitteln Beispiele aus dem Text.

a) Zweier- oder Dreierformeln; Reihungen; Wiederholungen

b) Sprachliche Bilder

c) Ironie/Spott/Sprachspiel

7 Schreiben Sie stichwortartig auf, welche Ansichten des Autors in Bezug auf das Thema „Surfen im Internet" deutlich werden.

8 Markieren Sie den Text im Sinne der Aufgaben 1 – 5. Nutzen Sie auch die Möglichkeit von Randnotizen. Arbeiten Sie dabei übersichtlich; berücksichtigen Sie die drei Grundregeln für das Markieren: nicht zu viel, nicht zu dick, nicht zu bunt!

Arbeitsschritt 3:
Wie beurteilen Sie selbst den Text? Welche Einstellung haben Sie zur Textvorlage?

1 Formulieren Sie in Form von Aussagen und Fragen stichwortartig eine erste spontane Beurteilung und Wertung des Textes von Jens Voss.

2 Kreuzen Sie an, wie Sie im Einzelnen zu den Thesen und Argumenten des Verfassers stehen und welche grundsätzliche Einstellung zum Text Sie bei Ihrer eigenen Argumentation einnehmen wollen.

- ☐ Ich stimme dem Verfasser grundsätzlich zu.
- ☐ Ich lehne die Meinung des Verfassers ab.
- ☐ Ich stimme manchen seiner Ansichten und Absichten zu, andere aber sehe ich sehr kritisch oder lehne sie ab.

3 Führen Sie entsprechend auf einem gesonderten Blatt aus:

- ☐ Ihre zusätzlichen Argumente zur Verstärkung der Verfasserthesen,
- ☐ Ihre Gegenthesen und Gegenargumente,
- ☐ in welcher Weise und in welchem Ausmaß Sie zustimmen bzw. Ihre Kritik einbringen wollen.

Methode

Arbeitsschritt 4:
Wie gliedere ich meine Darstellung?

Für die schriftliche Darstellung kann ein **Schreibplan** nach folgendem Muster angelegt werden:

1. Einleitung
knappe Zusammenfassung: Name des Verfassers, Titel und Art des Textes, Erscheinungstermin und -ort, Inhalt/Thematik

2. Hauptteil
2.1 Analyse der Argumentationsvorlage
knappe Inhaltsangabe; Analyse des Argumentationsansatzes und -aufbaus der Vorlage: Thesen, Argumente, Belege; Absicht und rhetorische Wirkungsmittel; Fazit
2.2 Erörterung der Vorlage (s. Schritt 3)
kritische Auseinandersetzung mit dem Text. Es gibt drei Möglichkeiten unterschiedlicher Argumentationsstandpunkte:
<u>1. begründete Zustimmung:</u> die Schlüssigkeit der vorliegenden Argumentation bestätigen und belegen; Verstärkung der Thesen des Verfassers durch weitere Argumente; mögliche im Text nicht genannte Gegenpositionen nennen und entkräften
oder
<u>2. begründete Ablehnung:</u> Thesen des Verfassers und seine Prämissen (wie persönliche Interessen und weltanschauliche Grundlagen) infrage stellen; Argumente des Verfassers entkräften; Gegenthesen, Gegenargumente und neue Beispiele formulieren
oder
<u>3. teilweise Übereinstimmung:</u> Mischung aus den oben genannten Positionen (1. und 2.): jeweils weitere zustimmende und ablehnende Argumente formulieren

2.3 Formulierung der eigenen Position
3. Schlussteil
nicht immer notwendig; möglich sind:
zusammenfassende Darstellung der eigenen Position
oder
Ausblick in Form weiterführender Lösungsmöglichkeiten und Problematisierung

(1) Fertigen Sie – passend zu dem Text von Jens Voss „Surfen statt denken“ – eine Gliederung an. Füllen Sie entsprechend die allgemeinen Punkte der Gliederung durch die konkreten Bezüge auf den Text. Nutzen Sie dazu auch die Ergebnisse zu den Aufgaben der Arbeitsschritte 1–3 (s. S. 77 – 80).

Methode

Arbeitsschritt 5:
Wie formuliere ich?
Wie überarbeite ich meinen Entwurf?

Achten Sie bei der Überarbeitung vor allem auf
- eine sinnvolle Strukturierung Ihres Textes,
- eine textnahe Darstellung, d. h. auf einen sinnvollen Einbau von Textzitaten mit Zeilenangaben (s. S. 43),
- sprachliche Konnektoren (Strukturwörter, d. h. Konjunktionen und Adverbien) zur Verknüpfung des Textes (s. Infokasten unten sowie S. 19 f.),
- korrekte Fachsprache,
- Grammatik, Rechtschreibung und Zeichensetzung.

Information

Die wichtigsten **Elemente der Erörterung** sind:
These, Argumente zur Begründung der These und Beispiele/Belege zur Veranschaulichung/Verstärkung der Argumente.

Wichtige **Argumentationsformen** sind:
- Faktenargument,
- Erfahrungsargument,
- Autoritätsargument,
- Normatives Argument,
- Analogie-Argument,
- Indirektes Argument,
- Argumente, die sich auf Gefühle stützen.

Zum Aufbau einer eigenen Argumentation gibt es mehrere Möglichkeiten:

a) Lineare oder reihende Erörterung: eine bestimmte Position wird bekräftigt; die einzelnen Argumente aneinandergereiht; das stärkste Argument wird am Schluss aufgeführt.

b) Dialektische Erörterung: Argumente für und gegen eine Position werden gegeneinander angeführt; am Ende steht ein Kompromiss oder die Entscheidung für eine der beiden Positionen.

Formulierungshilfen:
- Ein zusätzliches Argument für/gegen die These ist, dass ...
- Zwar lassen sich auch Gegenargumente anführen, aber ...
- Als letztes und wichtigstes Argument ist zu nennen, dass ...
- Als Beispiel für dieses Argument lässt sich anführen, dass ...
- Die Schlüssigkeit dieses Arguments ist jedoch infrage zu stellen, weil ...
- Dieses Argument stützt sich zu sehr auf persönliche Gefühle und bleibt zu subjektiv ...
- Die Überzeugungskraft dieses Arguments ist zu bejahen ...

Verbindungs- und Signalwörter, z. B. Adverbien und Konjunktionen:
- Angabe von Bedingungen, Folgen, Einschränkungen und Gründen: wenn, vorausgesetzt, dass ..., sodass, also, jedoch, allerdings, obwohl, obgleich, deshalb, daher, ...

Ein **mögliches Klausurthema** zu dem von Ihnen bearbeiteten Text könnte folgendermaßen lauten:

a) Analysieren Sie den Argumentationsansatz und -aufbau sowie die rhetorischen Mittel und deren Funktion in dem Zeitungsartikel von Jens Voss „Surfen statt denken".

b) Setzen Sie sich in kritisch-erörternder Weise mit den Thesen des Verfassers auseinander und formulieren Sie Ihre eigene Position.

(1) Überprüfen Sie den Aufgabenteil b) im folgenden Text eines Schülers aus einer entsprechenden Klausur.
- Nutzen Sie zur Gesamtbeurteilung des Klausurteils den Punkt 2 und die Punkte 4–8 der folgenden Checkliste zur Beurteilung einer Klausur.
- Erläutern Sie die Funktion der gelb markierten Formulierungen im Text.
- Korrigieren Sie die Rechtschreib- und Kommafehler (am Rand der jeweiligen Zeile mit Z oder R gekennzeichnet).

Checkliste

1. Wurde auf die Aufgabenstellung eingegangen?
2. Textnahe Auseinandersetzung mit Zitaten und Zeilenangaben vorhanden?
3. Klare Gliederung? Sind die Teile der Aufgabenstellung berücksichtigt: a) Analyse des Textes; b) eigene kritische Erörterung; c) besonderes Eingehen auf die Theoriezusammenhänge?
4. Wurde ein bestimmter Argumentationsstandpunkt deutlich vertreten (begründete Zustimmung, begründete Ablehnung, teilweise Übereinstimmung)?
5. Wurden Fachbegriffe verwendet?
6. Wurden die Abschnitte sinnvoll verknüpft durch Leserführung und sprachliche Konnektoren?
7. Wurden formale Kriterien beachtet (sprachlicher Ausdruck, Satzbau, Darstellung im Präsens, Rechtschreibung und Zeichensetzung)?
8. Berücksichtigung des wichtigen Anforderungsbereichs III (beurteilen, bewerten, überprüfen, erörtern, Stellung nehmen, sich auseinandersetzen)?

Schülerarbeit (Auszug)

... Ich komme jetzt zur Erörterung der vorliegenden Argumentation des Autors. Ich stim-
me dem Verfasser Jens Voss, der sich immer wieder auf die Autorität des Erziehungswis-
senschaftlers Volker Ladenthin beruft, insofern erst einmal grundsätzlich zu: Natürlich
kann eine Reizüberflutung durch moderne Medien zur Belastung und Überlastung füh-
ren, natürlich kann insbesondere eine „uferlose Bildlichkeit“ (Z. 38) der Medien Fernse-
ZR her und Computer auf die Dauer irritierend wirken angesichs der Tatsache dass nun ein-
mal die Aneignung komplexer geistiger Sachverhalte – „Wissen“ genannt – eine mühsame
R und langwirige Arbeit bedeutet. In der Tat verlangt kognitives Lernen ein Ringen um Lö-
Z sungen, es verlangt „bewusst gesteuerte Strategien“ (Z. 25) und die Notwendigkeit „me-
thodenorientiert“ (Z. 28) zu arbeiten.

Warum sind Methoden wichtig? In meinem eigenen Unterricht habe ich – bereits ab Klas-
R se 5 – immer wieder gelernt, das Wissen ohne methodisches Wissen nicht „zukunftsträch-
R tig“ (Z. 31 f.) ist; ohne Methodenwissen kann man gelerntes kaum auf neue Zusammen-
hänge übertragen; selbstständiges Erarbeiten von Wissen und Teamarbeit sind ohne ein
solides Methodenwissen nicht denkbar. Insofern bin ich der Überzeugung – hier stimme
ich auch dem Verfasser bzw. dem zitierten Erziehungswissenschaftler zu –, dass es um
„gewusstes Wissen“ (Z. 29) gehen muss, bei dem man erklären kann, wie man dazu ge-
kommen ist, und dass entsprechend „Problemlösungsstrategien“ (Z. 36) zu erlernen sind.
R Mit rein formalem, statischem, nur auswendig gelerntem, „totem“ Wissen ist heute Nie-
Z mandem mehr gedient. Es erweist sich auch als nutzlos, wenn es darum geht Wissen
funktional einzusetzen, um neue Probleme zu lösen.

R Ich komme jetzt zur Kritik an den Tesen des Verfassers (vgl. Gliederung). Es kann ja
durchaus sein, dass ein sprunghaft und punktuell vorgehender Internetleser in Windesei-
R le Texte durchkemmt und dabei meint, sich Wissen anzueignen. Ein derartiger, auf diese
Form des Lesens eingeschränkter Lesertyp könnte auf Dauer auch das Denken verlernen
und das mühevolle, unbequeme Erarbeiten von Wissen. Aber gilt denn das für Surfen im
Internet allgemein? Ist der Typus des Internetlesers, der in nichtlinearer Lesemanier Text-
häppchen zu sich nimmt, unfähig, sich für längere Zeit zu konzentrieren, ist dieser Typus
tatsächlich die Regel? Ich kann das nicht glauben! Und an dieser Stelle finde ich die Dar-
Z stellung zu einseitig zum Teil auch polemisch und ironisch. Dies habe ich oben bereits
ausführlich dargestellt. Es fehlen z. B. auch Sachargumente, belegt zum Beispiel durch
eine Statistik oder ernsthafte wissenschaftliche Erhebungen. Für einseitig halte ich es
auch, dass der Verfasser geradezu stur die Auffassungen des Erziehungswissenschaftlers
Z Ladenthin nachbetet ohne sie auch nur an einer Stelle infrage zu stellen.

R Wie stehe ich selbst zu der Problematik? Ich bin der Meinung, dass das Lernen und arbei-
ten mithilfe moderner Medien *und* die traditionelle Arbeit mit Büchern/Schulbüchern
sich nicht ausschließen; ebenso wenig das mühevolle Lernen und der „Spaßfaktor“ (vgl.
R Z. 53). Ich bin im Gegensatz zur Auffassung des Verfassers sogar der Meinung, das Ler-
nen unter bestimmten Bedingungen sehr viel Spaß machen kann. Auch dass Lernen „le-
bensweltlich eingebunden“ (Z. 57) wird, halte ich, anders als der Verfasser Jens Voss, für
Z selbstverständlich denn Wissen soll ja einen Sinn haben; es soll – wie der Verfasser selbst
betont – „zukunftsträchtig“ (Z. 31) sein. Selbstverständlich kann das Surfen im Internet
das sorgfältige erschließende Lesen und die Auseinandersetzung mit Büchern nicht erset-
zen; durch die Pisa-Studie hat gerade das Lesen eine enorme Aufwertung erfahren: Lesen
ist gar zur „elementaren Kulturtechnik für die erfolgreiche Lebensführung eines jeden
Einzelnen“ (Pisa-Studie) geworden. Informationen/Texte aus Medien dürfen genauso we-
nig unkritisch übernommen werden wie Buchtexte. Das ist eine Binsenweisheit. Medien
dürfen auch die eigene kognitive Arbeit nicht ersetzen, sie müssen vielmehr die Arbeit
ergänzen. Es kann also keineswegs um Vermeidung oder gar Abschaffung gehen, son-
dern um das Lernen einer sinnvollen Nutzung des Computers. Es kann ja auch nicht
Z richtig sein moderne Entwicklungen einfach zu negieren oder Maßstäbe einer Lesekultur
anzulegen, die früher einmal galten, für Online-Leser des 21. Jahrhunderts aber nicht
mehr unbedingt gültig sind. Der Text von Jens Voss ist zehn Jahre alt. Besonders im Zu-

sammenhang mit der Entwicklung neuer Medien ist dies einer langer Zeitraum; die Thesen des Verfassers sind in dieser Einseitigkeit nicht mehr auf der Höhe der Zeit.
R Ich fasse meinen Standpunkt knapp zusammen: Alle modernen Medien sehe ich in bezug auf das Lernen und Arbeiten als Hilfsmittel an; alle diese Hilfsmittel verlangen eine ange-
Z messene Handhabung. Ideal wäre für mich ein Leser der beides sein kann: ein schneller und sicherer Internetsurfer, der sich auf effektive Art und Weise – z. B. wie ein Lexikonbenutzer – bestimmte Detailinformationen verschaffen kann, und ein Leser, der sich tief-
Z schürfend und schweißtreibend auf kognitives, erkenntnisbestimmtes Denken einlässt der sich längere Zeit mit einem Problem beschäftigen kann und der systematisch an der Aneignung übertragbaren, anwendungsbezogenen Wissens und an entsprechenden Methoden zur Übertragung arbeitet. Das Internet ist dabei für mich nichts anderes als ein
RR Komunikationsinstrument, ein Hilfsmittel zur Otimierung meiner Arbeit.

Weitere Trainingsmöglichkeit

Aufgabentyp: Erörterung im Anschluss an eine Textvorlage

Aufgabenstellung: Analysieren Sie Thematik und Argumentationsaufbau des Textes „Sprachentwicklung in der modernen Mediengesellschaft" von Helmut Glück. Nehmen Sie zu den Einschätzungen des Autors kritisch Stellung und formulieren Sie eine begründete eigene Position.

Helmut Glück

Sprachentwicklung in der modernen Mediengesellschaft

Das Englische ist heute – nicht nur in Deutschland – die Sprache mit dem größten Prestige und die mit Abstand gefragteste Fremdsprache, und es hat heute viel mehr non-native speakers als native speakers. Diese überragende Stellung hat zu umfangreichen, kaum noch überschaubaren Entlehnungen aus dem Englischen ins Deutsche geführt. Auch das ist kein singulärer Vorgang, denn er ist auch in anderen Sprachen zu beobachten. Zu den Transporteuren der Anglizismen gehören die Neuen Medien. Viele Deutschsprachige verfügen über Grundkenntnisse der englischen Phonologie und Morphologie, und sie beherrschen elementare Wortschätze des Englischen. Wäre das nicht der Fall, könnten sich die Werbung und die Massenmedien gar nicht leisten, allzu viele Anglizismen zu verwenden: Sie sind darauf angewiesen, dass sie einigermaßen verstanden werden. Die Omnipräsenz der Massenmedien im Alltag hat andererseits dafür gesorgt, dass die von ihnen verbreiteten Sprachmuster alle Schichten und Altersgruppen erreichen. Man kann den Prospekt eines beliebigen Warenhauses, eine Fernseh-Programm-Zeitschrift oder das Kundenmagazin der Deutschen Bahn aufschlagen und man findet dort viele Beispiele für dieses Anglodeutsch, z. B. *Shopping Weekend, Fit Business, BahnCard Classic First, last-minute-Silvester, happy mit handy* ...

Die Neuen Medien, das ist gar keine Frage, spielen in diesem ziemlich einseitigen Entlehnungsprozess eine zentrale Rolle. Sie sind ein wichtiger, vielleicht der wichtigste Motor in den Wandelprozessen, die unsere Sprache an der zweiten Jahrtausendwende durchmacht. Vehikel dieses Wandels ist die praktische Verwendung neuer massenmedialer Techniken durch große Teile der Sprachgemeinschaft. [...]

Keine Enkelgeneration verwendet die Sprache so, wie es die Großeltern getan haben. Die Gründe dafür sind vielfältig; einige davon wurden bereits genannt. Heutige Enkel verwenden Verben wie *chatten, scratchen, chillen, faken, saven, mailen, raven,* was heutigen Großeltern unverständlich sein und missfallen mag. Noch unschöner und unverständlicher werden sie komplexe Verben wie *downloaden, einloggen, upgraden, outsourcen, smalltalken* finden. Verben wie *mailen, faxen* und *surfen* (im Internet) gehören inzwischen zum alltäglichen Wortschatz [...]

Sprachpflege gilt in Deutschland als antiquiert, als uncool. Es mangelt vielen Sprechern des Deutschen an Sprachloyalität. Dieser Mangel dürfte zusammenhängen mit dem Verlust an Prestige, den die Normen des Standards erlitten haben. Eine Sprache, die von großen Gruppen ihrer Sprecher nicht als bewahrenswertes Gut betrachtet wird, läuft Gefahr, als Mittel der gesellschaftlichen Kommunikation geschädigt zu werden. Der Vandalismus, der sich in der Zerstörung von Telefonzellen oder im Besprühen von Hauswänden und Eisenbahnwaggons äußert, hat ein Komplement in dem sprachlichen Rowdytum, das Medien und Werbung verbreiten. (2000)

Training: Mündliche Abiturprüfung

Analyse eines Sachtextes mit Aufgabenschwerpunkt

Information

Bei der **mündlichen Abiturprüfung** erhalten Sie einen Text mit Arbeitsaufgaben (s. unten). Sie haben ca. 30 Minuten Zeit zur Bearbeitung. Es kommt also darauf an, zügig zu arbeiten und sich nicht an einer einzelnen Aufgabe „festzubeißen". Wichtig sind vor allem

- die detaillierte Bearbeitung des Textes im Sinne der Arbeitsaufgaben mithilfe von Markierungen und Randnotizen,
- ein knapper Stichwortzettel für den anschließenden etwa zehnminütigen Vortrag, auf dem Sie die Ergebnisse Ihrer Vorbereitungsarbeit notieren.

Bei einer Aufgabenstellung im mündlichen Abitur wird immer davon ausgegangen, dass die Problematik des Textes bekannt ist und im Unterricht behandelt wurde (s. o.).

Grundsätzlich orientiert sich die mündliche Prüfung an den Vorgaben für die schriftliche Prüfung (Obligatorik, Anforderungsbereiche, Fachmethoden). Die Aufgabenarten und die Aufgabenstellungen sind allerdings – aufgrund der geringeren Vorbereitungszeit – vereinfacht.
Die Prüfung nimmt im Rahmen des Zentralabiturs insofern eine besondere Stellung ein, als Sie von Ihrem Fachlehrer betreut werden.

Voraussetzungen: Im Hinblick auf die Thematik des zur Bearbeitung anstehenden Sachtextes kann davon ausgegangen werden, dass im Unterricht u. a. folgende Themenbereiche bearbeitet worden sind:

- Sprache und Sprechen im politischen Alltag,
- Sprachwandel und Sprachverfall,
- Sprachvarianten: Fachsprache, Jugendsprache, Sprache von Männern und Frauen, ...
- Sprache und Denken (Sapir-Whorf-Hypothese/Grammatik der Neusprache; aus dem Roman „1984" von George Orwell).

Alexander Remler

Ist Deutsch noch sexy?

Abschnitt I

Vor allem in der Werbung setzt sich „Denglisch" immer mehr durch. No future für Deutsch in der Kommunikationsbranche? Rund ein Drittel der Deutschen beherrscht die englische Sprache zumindest so gut, dass sie sich im Urlaub verständigen können. Bleiben immer noch zwei Drittel, für die Werbesprüche à la Nokias „Connecting People" (Menschen verbinden) oder Nestlés „Have a Break. Have a Kitkat" (Mach eine Pause. Nimm ein Kitkat) ein Quell fortgesetzten Ärgers darstellen. „Es muss uns darum gehen, die deutsche Sprache wieder sexy zu machen", glaubt René Heymann von der Agentur Heymann und Schnell. Er will nicht auf englische Wörter generell verzichten, sondern sie so einsetzen, dass sie fantasievoll und nicht anbiedernd wirken. Wie das praktisch geht, hat der Berliner Werber im vergangenen Winter mit der Kampagne für die Berliner Stadtreinigung bewiesen, mit Sprüchen wie „We kehr for you“, „Dirty Harry“ oder „Saturday Night Feger“.

„We kehr for you“
↓
to take care

Abschnitt II

Gegen die „Selbstunterwerfung unter das Englische“ kämpft dagegen seit zwei Jahren Walter Krämer, Vorsitzender des Vereins Deutsche Sprache (VDS). Rund 10 000 Unterstützer haben sich als Mitglieder gefunden. Weder die Aufnahme englischer Wörter ins Deutsche noch die Ablehnung ist etwas Neues. Schon Turnvater Jahn kämpfte gegen die „Welschsucht“, der Psychologe Ludwig Klages gegen die „Schlammfluten der Fremdwörterei“. Und 1899 erließ ein gewisser Hermann Dunger eine „Erklärung wider die Engländerei“. 1885 zählte der Duden bereits 385 Anglizismen. Über die damals verwendeten Modewörter wie Keks, Rum oder Schal regt sich heute allerdings keiner mehr auf. Das wird mit Begriffen wie Handy, Cyberspace oder Stress, die in den deutschen Wortschatz übernommen worden sind, genauso sein. Wir surfen im Internet, öffnen Homepages und sind fast alle online. Sollen wir in Zukunft netzreiten und websegeln? Wohl kaum, auch wenn die Übersetzung „Winzigweich“ für Microsoft noch einen gewissen Unterhaltungswert hat.

Abschnitt III

Viele Dinge werden mit englischen Begriffen benannt, für die es keine Eins-zu-eins-Übersetzung gibt. „Gerade in der IT-Branche sind englische Wörter einfach maßgeblich“, meint ein Sprecher von DaimlerChrysler. Daimler Benz hat schon Anfang der Neunzigerjahre Englisch als zweite Konzernsprache eingeführt. Nach der Fusion mit Chrysler, die der Sprecher nur „Merger“ nennt, kam der nächste Schritt: Im Management der einst schwäbischen Autoschmiede ist Englisch nun die Hauptsprache. Sprachschulen im Großraum Stuttgart sind seither regelmäßig ausgebucht. Doch der Konzernsprecher beruhigt: „Wenn die Deutschen unter sich sind, wird nicht englisch, sondern immer noch deutsch gesprochen.“

Abschnitt IV

Mag bei der internen Sprachregelung von DaimlerChrysler noch die Internationalisierung als Grund herhalten, stellt sich aber die Frage, warum zum Beispiel eine deutsche Firma wie Lufthansa in Italien auf Italienisch wirbt, aber in Deutschland auf Englisch („There is no better way to fly“). Seit der Erfindung des Flugzeugs gibt es zudem einen Wartesaal – warum muss er nun Lounge heißen? Auch nach mehreren Nachfragen fühlt sich niemand bei Lufthansa für eine Antwort zuständig. Das Gleiche bei Siemens („Global Network of Innovation“).

Abschnitt V

Dafür nimmt Werber René Heymann kein Blatt vor den Mund. „Oft fehlt einfach die Kreativität, eine Idee auf Deutsch auszudrücken“, meint er. Das Ziel vieler Unternehmen ist klar: eine möglichst junge Zielgruppe anzusprechen. Dafür wird die Sprache der Popmusik oder des Musikfernsehens adaptiert. „Aber die meisten Kampagnen, die auf jung gemacht sind, sind eigentlich ziemlich alt.“ Sprachruinierung hat daher viel weniger mit Anglizismen zu tun als mit der Bequemlichkeit oder Dummheit derjenigen, die sie anwenden. Ob formale Sprachregeln daran etwas ändern, ist allerdings zweifelhaft.

Abschnitt VI

Andererseits: Hätten wir Sprachgesetze, die den Gebrauch von Anglizismen einschränken, würde es auch keine so lustigen Stilblüten mehr geben, wie sie etwa das Jugendamt der Diözese Speyer vollbracht hat. Für das „ökumenische Christfest 2000“ wollten sie mit dem flotten Titel „The Great Ding Dong“ werben und damit auf den Dom und seine Glocken anspielen. Vor allem Engländer klopften sich auf die Schenkel: „Ding Dong“ nämlich umschreibt ein spezifisch männliches Körperorgan.

(Berliner Morgenpost, 19.4.2001)

Aufgabentyp: Analyse eines Sachtextes (mit Aufgabenschwerpunkt)

Aufgabenstellung: Analysieren Sie den Text:
a) Nennen Sie die wesentlichen Gedanken des Textes.
b) Weisen Sie die argumentative Struktur des Textes nach.
c) Beurteilen Sie, inwieweit es sinnvoll ist, auf Anglizismen zu verzichten.

1 Machen Sie sich zunächst die Aufgabenstellung klar; lesen Sie danach den Text gezielt und genau und beantworten Sie die folgenden Fragen:

Thematik des Textes

- Worum geht es in dem Text? Fassen Sie Inhalt/Thematik mit wenigen Worten zusammen.

Argumentationsaufbau

- Formulieren Sie für jeden Abschnitt eine knappe These (nach dem Muster von Abschnitt I, Z. 9 f.).

II. ______

III. ______

IV. ______

V. ______

VI. ______

- Kennzeichnen Sie durch Einkästeln das jeweilige Beispiel/den Namen/die als Beleg angeführte Autorität (nach dem Muster von Abschnitt I, Z. 11).

Beurteilung

- Inwieweit halten Sie die Übernahme englischer Ausdrücke in die deutsche Sprache für berechtigt? Notieren Sie in Stichworten.

______

______

______

- Inwieweit ist Ihrer Meinung nach eine Anglisierung der Muttersprache abzulehnen? Notieren Sie in Stichworten.

______

______

______

(2) Ergänzen Sie den folgenden Stichwortzettel für den Vortrag.

Stichwortzettel

Meine Aufgabe ist es, ______

______

a) Hauptgedanken des Textes (2–3 Minuten)

______

______

______

b) Argumentationsstruktur (2–3 Minuten)

Wichtige These/Behauptung zu Beginn des T.:
– In der Werbung setzt sich „Denglisch“ immer mehr durch.

Thesen der folgenden Abschnitte:

______

c) Beurteilungskriterien (ca. 4 Minuten, weil eigene Beurteilung besonders wichtig ist)

Argumente *für* eine Einbeziehung englischer Fremdwörter

Kritik

Information

Für die **Bearbeitung der Prüfungsaufgabe im mündlichen Abitur** wird eine Vorbereitungszeit von 30 Minuten gegeben. Diese Zeit muss sinnvoll genutzt werden

a) für die Bearbeitung des Textes,
b) für knappe Notizen, die für den nachfolgenden Vortrag (1. Prüfungsteil) verwendet werden.

Tipps für die Vorbereitungszeit

1. Aufgabenstellung klarmachen,
2. Text gezielt und genau im Hinblick auf die Aufgabenstellung lesen,
3. Markierungen und Randnotizen vornehmen, z. B.: Kernthese, Inhaltsabschnitte, Argumente (Grundsatz: nicht zu viel markieren, übersichtlich arbeiten),
4. nicht in ein Teilproblem „verbeißen", sondern die Zeit auf die einzelnen Aufgaben verteilen,
5. Notizen für den mündlichen Vortrag übersichtlich gliedern.

Tipps für den 1. Prüfungsteil (Vortrag)

1. Zu Beginn Aufgabenstellung/Vorgehensweise nennen,
2. weitgehend frei sprechen; Notizzettel nutzen; ggf. aus dem Text zitieren,
3. entspannt sitzen; stimmlich variieren,
4. Blickkontakt zu den Mitgliedern der Prüfungskommission halten,
5. Zeit (10 Minuten) voll ausnutzen.

Tipps für den 2. Prüfungsteil (Gespräch: 10–20 Minuten)

1. Auf Fragen des Prüfers ausführlich und strukturiert eingehen,
2. auf offene Fragen mehrere Aspekte anbieten,
3. Blickkontakt zum einzelnen Prüfer halten,
4. Zeit zum Überlegen nehmen (aber nicht *zu* lange Pausen),
5. bei unverstandener Aufgabe zurückfragen (aber möglichst nur einmal),
6. Gesprächsangebote machen (aber keinen Autor oder Text anbieten, den Sie nicht oder nicht genau genug kennen; Prüfer könnte darauf eingehen, um Ihnen entgegenzukommen).

Analyse eines literarischen Textes mit Aufgabenschwerpunkt

Bertolt Brecht

Fragen eines lesenden Arbeiters

Warum gerade ein lesender Arbeiter?
Was will er wissen?

St. 1 – Bauwerke

Wer baute das siebentorige Theben?
In den Büchern stehen die Namen von Königen.
Haben die Könige die Felsbrocken herbeigeschleppt?
Und das mehrmals zerstörte Babylon –
Wer baute es so viele Male auf? In welchen Häusern
Des goldstrahlenden Lima wohnten die Bauleute?
Wohin gingen an dem Abend, wo die Chinesische Mauer fertig war
Die Maurer? Das große Rom
Ist voll von Triumphbögen. Wer errichtete sie? Über wen
Triumphierten die Cäsaren? Hatte das vielbesungene Byzanz
Nur Paläste für seine Bewohner? Selbst in dem sagenhaften Atlantis
Brüllten in der Nacht, wo das Meer es verschlang
Die Ersaufenden nach ihren Sklaven.

St. 2 – Eroberungen

Der junge Alexander eroberte Indien.
Er allein?
Cäsar schlug die Gallier.
Hatte er nicht wenigstens einen Koch bei sich?
Philipp von Spanien weinte, als seine Flotte
Untergegangen war. Weinte sonst niemand?
Friedrich der Zweite siegte im Siebenjährigen Krieg. Wer
Siegte außer ihm?

St. 3 – Zusammenfassung: Berichte – Fragen

Jede Seite ein Sieg.
Wer kochte den Siegesschmaus?
Alle zehn Jahre ein großer Mann.
Wer bezahlte die Spesen?

St. 4 – offene Schlussstrophe

So viele Berichte,
So viele Fragen.

(1938)

4 Strophen: Umfang immer geringer, Fragen immer knapper: Zuspitzung der Problematik

Spesen = Geschäftsunkosten

Leser wird zur Stellungnahme aufgefordert.

Information

Städtenamen und Namen von Eroberern im Text:

Theben: im 4. Jahrhundert mächtigste Stadt Griechenlands
Lima: heutige Hauptstadt Perus, ehemals Hauptstadt des Inkareiches, das von dem spanischen Eroberer Pizarro erobert wurde
Byzanz: Hauptstadt des oströmischen Reiches (später Konstantinopel, heute: Istanbul)
Atlantis: sagenhafte Stadt, die im Meer versunken sein soll
Alexander der Große: Feldzug in Indien (327–325 v. Chr.)
Cäsar: Eroberung Galliens (58–51 v. Chr.)
Philipp II: Seine große Flotte (Armada) erlitt eine vernichtende Niederlage gegen die Engländer (1588).
Friedrich II/Siebenjähriger Krieg: Dem Preußenkönig Friedrich dem Großen gelang es durch diesen Krieg (1756–1763), Preußens Macht zu steigern.

Aufgabentyp: Analyse eines literarischen Textes (mit Aufgabenschwerpunkten)

Aufgabenstellung: Analysieren Sie das Gedicht, indem Sie
a) Thema und Struktur des Textes sowie Brechts Intention nennen/nachweisen,
b) erläutern, welche Rolle dem Leser zugeschrieben wird,
c) Stellung zu den im Text dargestellten Auffassungen von Geschichte und geschichtlich Handelnden nehmen.

Information

Voraussetzungen im Unterricht

Es ist von Folgendem auszugehen:

- Im Unterricht sind auch andere Gedichte von Bertolt Brecht bearbeitet worden. Nach Brecht ist Lyrik „für den Gebrauch der Leser" bestimmt; sie soll nicht eine Welt reiner Schönheit widerspiegeln, die mit dem Alltag nichts zu tun hat. Deshalb ist Brechts Lyrik oft durch reimlose Verse und unregelmäßigen Rhythmus gekennzeichnet. Dadurch will er eine allzu problemlose Einfühlung des Lesers verhindern; vielmehr will er eine kritisch-distanzierte Lesehaltung auslösen.
- Den Schülern ist wenigstens ein Drama Brechts bekannt (z. B. „Der gute Mensch von Sezuan") sowie seine Theorie des *epischen Theaters*. Brecht gehört zu den einflussreichsten Dramatikern und Dramentheoretikern des 20. Jahrhunderts. Für ihn zielt Kunst auf Veränderung der bestehenden (ungerechten) gesellschaftlichen und wirtschaftlichen (kapitalistischen) Verhältnisse. Er kämpfte zeitlebens für eine (in seinem Sinne) bessere und gerechtere Welt. Seine Sympathie gehörte immer den „kleinen Leuten".

1. Der Text ist bereits durch Markierungen und Randnotizen bearbeitet worden. Kreuzen Sie an, welche Gesichtspunkte des Textes damit bereits berücksichtigt werden:

☐ Struktur ☐ sprachliche Form ☐ Reimschema ☐ Rhythmus
☐ Leserbezug ☐ Überschrift ☐ Thematik

2. Beantworten Sie die folgenden Arbeitsaufgaben zum Text mithilfe der bereits vorgenommenen Markierungen und Randnotizen.

a)

- Um welchen Inhalt/welche Thematik geht es in diesem Gedicht?

____

____

____

____

- Fassen Sie mithilfe der Randnotizen die Struktur des Textes zusammen.

____

____

____

____

____

____

- Erläutern Sie in knapper Weise Brechts Intention; lesen Sie auch im Infokasten zu den Voraussetzungen nach (S. 92).

____

____

____

b) Erläutern Sie knapp, welche Rolle dem Leser zugewiesen wird.

____

____

____

c) Nehmen Sie selbst beurteilend Stellung; notieren Sie stichwortartig.

____

____

____

(3) Ergänzen Sie – bezogen auf die Aufgabenstellungen – den knappen Notizzettel für einen mündlichen 10-Minuten-Vortrag (1. Teil der mündlichen Abiturprüfung). Berücksichtigen Sie ggf. wichtige Zitate.

Stichwortzettel

a) Thema, Struktur, Intention benennen und nachweisen Thema: Geschichte/geschichtlich Handelnde: große Männer und kleine Leute (Bauleute, Maurer, Sklaven, Köche) Struktur: ____________ ____________ Intention: ____________ ____________	<u>Redezeit</u> 3 Minuten zitieren: Z. ...
b) Rolle des Lesers erläutern ____________ ____________ ____________	3 Minuten zitieren: Z. ...
c) Stellungnahme: Geschichtsauffassung Neue Perspektive der Geschichtsschreibung: ____________ ____________ ____________	4 Minuten wichtig: Argumentation

4. Proben Sie – nach Möglichkeit in Zusammenarbeit mit Mitschülern – den Vortrag. Nutzen Sie dabei die Stichwörter.

5. Spielen/simulieren Sie zur Übung (zusammen mit anderen Mitschülern oder in Gedanken) den zweiten Teil der Prüfung. Versetzen Sie sich dabei in die Rolle des Prüfers. Erproben Sie auch den „schlimmsten Fall“: eine Sprechblockade.
Überlegen Sie mögliche Fragestellungen (s. Voraussetzungen im Unterricht, S. 92), z. B.:

   - Welches weitere Gedicht von Bertolt Brecht ist Ihnen bekannt? Inwieweit ist es typisch für Brecht und lässt sich mit dem Gedicht „Fragen eines lesenden Arbeiters“ vergleichen?
   - Inwieweit ist Ihnen Brecht als Dramenautor und Dramentheoretiker bekannt?
   - Wodurch unterscheidet sich das epische Theater vom aristotelischen Theater?
   - …

Anhang

Rhetorische Fachbegriffe und Figuren

Die rhetorischen Figuren haben in mündlichen und schriftlichen Texten unterschiedliche Funktionen und entfalten im Kontext unterschiedliche Wirkungen, z. B.: einprägen, vertiefen, Nachdruck ausüben, das eigene Prestige erhöhen, einen persönlichen Kontakt zum Hörer aufbauen, sich einschmeicheln, veranschaulichen, Aufmerksamkeit und Überraschung hervorrufen, abwerten, aufwerten, beschwichtigen. Rhetorische Figuren können sowohl in literarischen Texten (z. B. Gedicht) als auch in Sachtexten (z. B. Rede, Werbetext, Essay) eine Rolle spielen. Da zwischen sprachlichen Formen und ihren Funktionen grundsätzlich kein eindeutiger Zusammenhang besteht, muss die Funktion der Stilmittel für den jeweiligen Text immer wieder neu bestimmt werden.

Begriff	Erläuterung	Beispiel
Akkumulation	Reihung von Begriffen, Häufung	Herz, Liebe, Himmel, Paradies: das Glück
Allegorie	Sinnbild	Justitia: verbundene Augen, Waage, Schwert (Sinnbild für Gerechtigkeit)
Alliteration	Aufeinanderfolgende Wörter beginnen mit dem gleichen Buchstaben.	**M**ars **m**acht **m**obil ... (Werbung); **T**itel, **T**hesen, **T**emperamente
Anapher	gleiche Satzanfänge	Wer möchte das haben? Wer möchte das erleben?
Antithese	Gegenüberstellung von Gegensätzen	Sie geht, er kommt.
Apostrophe	betonte Form der Anrede	Ihr Götter, seid mir gnädig!
Chiasmus	Überkreuzstellung von Wörtern und Sätzen	Die Macht ist groß, doch klein ist der Verstand.
Correctio	Korrektur eines zu schwachen Ausdrucks	Es war ein schöner, nein, ein außergewöhnlicher Morgen!
Ellipse	Auslassung; unvollständiger Satz	Sie kommen heute. Alle.
Emphase	Hervorhebung eines Wortes	Ich betone ausdrücklich ...
Epipher	Sätze enden mit dem gleichen Wort.	Ende gut. Alles gut.
Euphemismus	Beschönigung, Untertreibung	vollschlank statt dick, Entsorgungspark statt Müllkippe
Hyperbel	Übertreibung, Zuspitzung	Da war die Hölle los.
Inversion	Umstellung von geläufiger Wortstellung im Satz	Lyrische Texte mag ich sehr. (statt: Ich mag ...)
Ironie	Benannt wird das Gegenteil dessen, was gemeint ist.	Ein tolles Wetter (statt: Ein Sauwetter)
Klimax	dreigliedrige Steigerung	Sicher, vielseitig, super. (Werbung) Er kam, er sah, er siegte.
Litotes	Bejahung durch doppelte Verneinung	nicht übel (statt: gut)
Metapher	bildhafte Übertragung	Mauer des Schweigens / Die Wiese lacht.
Neologismus	Wortneuschöpfung	herzblind, scheinrot
Onomatopoesie	Lautmalerei	ein Zwitschern und Tirilieren
Oxymoron	Verbindung zweier Begriffe, die sich ausschließen	beredtes Schweigen
Paradoxon	Scheinwiderspruch	Sie weinte vor Glück.

Begriff	Erläuterung	Beispiel
Parallelismus	identischer Aufbau von mindestens zwei Satzeinheiten	Schön ist die Liebe. Schön ist das Leben.
Personifikation	Vermenschlichung von Gegenständen oder Tieren	Frau Sonne, Herr Hund
Pleonasmus	Doppelausdruck, überflüssige Wiederholung	weißer Schimmel, größte Fülle
Rhetorische Frage	Scheinfrage; Frage, auf die keine Antwort erwartet wird	Ist das nicht schon schlimm genug?
Symbol	Zeichen, das für ein bestimmtes Handeln steht	Taube als Friedenszeichen
Synästhesie	Vermischung verschiedener Sinneseindrücke	schreiendes Rot
Synekdoche	Ein Teil steht für das Ganze.	Er stellt seine Füße unter ihren Tisch. (Er lebt in ihrem Haus.)
Periphrase	Umschreibung eines Ausdrucks	die dritten Zähne (gemeint ist das Gebiss)
Vergleich	bildhafter Hinweis auf einen anderen Bereich	stark wie ein Löwe
Wiederholung	Verstärkung der Wirkung, Intensität	Er arbeitet, arbeitet und arbeitet.
Wortspiel	geistreiches Spiel mit Wörtern und Bedeutungen	Da werden Ihre Füße aber Augen machen! (Werbung)

Fachbegriffe zur Analyse/Interpretation literarischer Texte

Epische Texte

Die folgenden Besonderheiten epischer Gestaltung tauchen insbesondere in Romanen, Erzählungen und Kurzgeschichten auf. Einzelne dieser Elemente finden sich allerdings auch beim Drama und in der Lyrik wieder.

Figur (der Handlung)
Diese ist in Erzähltexten erdacht, es kann z. B. ein Mensch, ein Tier, ein Fabelwesen sein. Figuren können direkt (meistens durch den auktorialen Erzähler) oder indirekt charakterisiert werden.
Elemente indirekter Charakterisierung:

- äußere Erscheinung
- berufliche und soziale Stellung
- typische Eigenschaften, Redensarten, Verhaltensweisen
- Besonderheiten der Sprache
- Verhaltensmotive, Wertvorstellungen
- Beziehungen zu anderen, Einfluss auf andere Personen

Figurenkonstellation
Gemeint sind damit Zuordnungen von Figuren (z. B. zu Gruppen) bzw. die Beziehungen der einzelnen Figuren zueinander.

Erzählerische Mittel
Motiv/Leitmotiv (stofflich-thematisches Element)
Symbol (ein Zeichen, das auf anderes verweist)
Metapher und Vergleich

Erzähler
Im Gegensatz zum Autor ist der Erzähler in epischen Texten eine fiktive Erzählerfigur, eine Art Zwischeninstanz zwischen Autor und Stoff. Standpunkte, Optik und Wertebewusstsein des Erzählers gehören zur fiktiven Welt und können nicht ohne Weiteres dem Autor zugeordnet werden. Allerdings gibt es Berührungspunkte, vor allem bei deutlich biografisch geprägten Zusammenhängen.

Standort des Erzählers
Wie bei der Kameraeinstellung im Film kann der Erzähler aus großer Ferne (Überblick), aus großer Nähe (Lupe) oder auch mit eingeschränktem Blickwinkel wahrnehmen.

Rolle des Erzählers

- **Ich-Erzähler**
  Der Ich-Erzähler ist eine Figur, die selbst ein Teil der Handlung ist; dargestellt wird, was das Erzähler-Ich erlebt (hat), was es denkt und fühlt. (Der Ich-Erzähler kann eine a) auktoriale oder b) personale Erzählhaltung einnehmen.)
- **Er-/Sie-Erzähler**
  Die handelnde und die erzählende Figur sind nicht identisch. Der Er-/Sie-Erzähler kann die folgenden Erzählhaltungen einnehmen:
  a) allwissende oder auktoriale Erzählhaltung (von lat. auctor: Urheber, Verfasser): Hier tritt ein Erzähler als eigenständige Figur auf; der Leser blickt mit dem Erzähler von außen auf die Figuren (Erzählereinmischungen, Kommentare, Einblick in das Innere einer Figur, Kenntnis der Vor- und Nachgeschichte; typische Erzählweisen: Erzählerbericht und Erzählerkommentare, indirekte Rede).
  b) personale Erzählhaltung: Hier fehlt ein Erzähler mit eigenen Zügen; das Geschehen wird aus der Sicht einer oder mehrerer Figuren der Handlung dargestellt. Die äußere Wahrnehmung wird dadurch begrenzt, die innere allerdings erweitert. Es können Bewusstseinszustände und -prozesse, Gefühle der Perspektivfigur dargestellt werden. Typische Erzählweisen sind: innerer Monolog, Personenrede (direkte Rede).
  c) neutrale Erzählhaltung: unmittelbare Wiedergabe des Geschehens ohne Bindung an eine Person
- **Erzählerstandpunkt**
  Hiermit wird die wertende Einstellung des Erzählers zu seinen Figuren bezeichnet (vgl. die Standpunktlosigkeit beim neutralen Erzähler; die Kommentierung beim auktorialen Erzähler). Der Erzählerstandpunkt kann zustimmender oder ablehnender Art sein; er kann Mitgefühl oder Kritik zum Ausdruck bringen, er kann eindeutig oder schwankend sein, ironisch, humorvoll, sachlich oder engagiert. Inwieweit hinter dieser Haltung die Einstellung des Autors steht, muss bei jedem einzelnen Text überprüft werden.

Darstellungsformen

- **Erzähler**
  - Bericht
  - breite szenische Darstellungsweise
  - Beschreibung
  - Kommentar
- **Personenrede**
  - Formen des Erzählerberichts, soweit sie Äußerungen einer Figur der Handlung sind
  - direkte Rede
  - indirekte Rede
  - erlebte Rede als Form der Gedankenwiedergabe
  - innerer Monolog

Zeit
- erzählte Zeit (Zeitraum, über den erzählt wird) und Erzählzeit (Lesezeit eines Textes)
- Zeitdeckung (erzählte Zeit und Erzählzeit sind annähernd gleich)
- Zeitdehnung (die Erzählzeit ist länger als die erzählte Zeit)
- Zeitraffung (die erzählte Zeit ist länger als die Erzählzeit)

Zeitstruktur und Bauform
- die Handlung wird chronologisch und kontinuierlich erzählt
- die Reihenfolge der Handlung wird umgestellt
- die Handlungsfolge wird unterbrochen; evtl. gibt es mehrere Handlungsstränge nebeneinander

Lyrische Texte

Unter den drei Gattungen fiktionaler Texte (Lyrik, Epik, Dramatik) hat die Lyrik die größte sprachliche Dichte.
Kennzeichen für Gedichte sind insbesondere:
- kunstvolle Struktur
- nicht alltägliche Äußerungsform
- Formprinzipien wie Rhythmus, Metrum, Reim, Strophik
- Sprachgebrauch, der sich in der Regel einer schnellen Verstehbarkeit entzieht
- semantische Besonderheiten wie die Bildlichkeit

Moderne Gedichte entfernen sich oft von den traditionellen Formprinzipien. Oft löst z. B. die Zeilenkomposition den Strophenbau ab.
Alle lyrischen Texte sind, im Gegensatz zu Prosatexten, in Versen bzw. Verszeilen abgefasst.

Lyrischer Sprecher (lyrisches Ich, lyrisches Wir)
Hiermit ist der Sprecher im Gedicht gemeint, aus dessen Sicht der Leser Eindrücke, Empfindungen und die Beziehung zur Wirklichkeit erfährt. Es handelt sich dabei um ein Rollen-Ich, das nicht mit der Person des Autors gleichgesetzt werden darf. Alle dargestellten Erfahrungen und Gefühle sind zunächst als dichterische Fiktion zu verstehen. Das lyrische Ich kann aber durchaus auf autobiografische Zusammenhänge verweisen. In diesem Fall muss entsprechenden textexternen Bezügen nachgegangen werden.

Vers
Alle lyrischen Texte sind in Versen bzw. Verszeilen verfasst. Anders als beim Prosatext brechen die Zeilen an einer bestimmten Stelle ab.
Beim *Zeilenstil* stimmen Satzende und Versende überein (Pause am Ende des Verses). Beim *Enjambement* (Zeilensprung) entsteht keine Pause am Zeilenende; der Satz überspringt das Zeilenende und geht im nächsten Vers weiter.

Strophe
Eine Strophe bezeichnet die Zusammenfassung von gleich oder ungleich langen Versen zu einer metrischen Einheit. Traditionelle strophisch gebaute Gedichtformen sind z. B.:
- Sonett: 14-zeiliges Gedicht, das sich aus zwei Vierzeilern und zwei Dreizeilern zusammensetzt; die Quartette und Terzette sind in sich durchgereimt.
- Lied: meist aus mehreren gleich gebauten Strophen bestehend; häufig kurze Verse, bisweilen mit Refrain; formal flexibel: keine vorgegebene Zeilenzahl und kein vorgegebenes Versmaß

Metrum und Rhythmus
In jeder sprachlichen Äußerung gibt es eine bestimmte Verteilung von betonten Silben (Hebungen) und unbetonten Silben (Senkungen). Die Abfolge von betonten und unbetonten Silben nennt man *Metrum*; der *Rhythmus* entsteht durch die Spannung zwischen diesem Versschema (Metrum) und der sprachlichen Füllung. In der Alltagssprache ist die Abfolge von betonten und nicht betonten Silben nicht geregelt; in der gebundenen Sprache der Lyrik ist dagegen die Gliederung des Sprachflusses oft durch einen regelmäßig sich wiederholenden Takt festgelegt.
Eine metrisch gebundene Verszeile umfasst mehrere Takte und kann entsprechend als zwei-, drei-, vierhebig usw. gekennzeichnet werden. Bei der metrischen Kennzeichnung sprachlicher Äußerungen orientiert man sich an den griechischen Bezeichnungen. Man spricht von *Versfuß* oder *Versmaß* als taktmäßiger Struktur eines Gedichts:
- Jambus (steigendes Metrum): xx́ (Beispiele: Gedicht, Verbot, bereit)
- Trochäus (fallendes Metrum): x́x (Beispiele: Vater, Dichter, oben)
- Anapäst (steigendes Metrum): xxx́ (Beispiele: Paradies, Anapäst, Malerei)
- Daktylus (fallendes Metrum): x́xx (Beispiele: Liebesleid, Eifersucht, Königin, Daktylus)

Interessant ist bei einem metrisch gebundenen Gedicht die *Wechselbeziehung zwischen metrischem Schema und natürlichem Sprachrhythmus*. Erst der Rhythmus macht durch Betonung, Sprechtempo und Sprechpausen aus der taktmäßigen Gliederung ein Ausdrucksmittel, wobei das metrische Schema nicht selten überlagert wird.

Besondere Beachtung verdient das Verszeilenende (Kadenz). Verszeilen, die betont (mit einer Hebung) enden, werden stumpf (auch *männliche Kadenz*) genannt; die *weibliche Kadenz* (klingend) ist zweisilbig und endet auf einer Folge von Hebung und Senkung.
Ein *freier Rhythmus*, der auf metrische Bindungen verzichtet, kann im Zusammenhang des Textes besonders ausdrucksstark und dynamisch wirken.

- Unter Laut- und Klangsymbolik versteht man die subjektiv empfundene Verbindung von Klangfarben und Bedeutungsinhalten, z. B. i als Ausdruck für Helligkeit, Freude; u als Ausdruck für Dunkelheit, Trauer.

Sprachliche Bilder und Stilfiguren
Bildlichkeit ist ein wesentliches Kennzeichen dichterisch-poetischer Ausdrucksweise. Sie zeigt insbesondere die Mehrdeutigkeit poetischer Sprache. Bei sprachlichen Bildern geht es vor allem darum, die Vorstellungen beim Leser/Hörer zu intensivieren.
Man unterscheidet u. a. folgende sprachliche Bilder:
- Vergleich (z. B.: Ein Herz wie Stein)
- Metapher (z. B.: Das Gold ihrer Haare)
- Personifikation (z. B.: Frau Sonne, Vater Rhein)

Rhetorische Figuren
Rhetorische Figuren (s. S. 95 f.) finden sich nicht nur in lyrischen Texten, sondern z. B. auch in Reden oder in Werbetexten.

Dramatische Texte

Figuren
Vom Autor geschaffene Personen; diese sind im Drama auf Ausgestaltung und Verkörperung durch einen Schauspieler (Mimik, Gestik, Kostüm, Aussehen) angelegt.
Mögliche Fragestellungen:
- Entwickelt sich die Figur im Verlauf der Dramenszene/des Dramas?
- Ist sie vielschichtig, komplex, widersprüchlich, mehrdeutig oder in typisierter Form gestaltet?
- Wie ist die Figur charakterisiert: Was sagt sie? Wie sagt sie es?

Figurenkonstellation
Bezeichnung für die Beziehung zwischen den einzelnen Figuren; mögliche Fragestellungen:
- Wer ist die Hauptfigur, wer ist/sind die Nebenfigur/en?
- Wer ist der Held (Protagonist), wer ist der Gegenspieler (Antagonist)?
- Welche soziale Rolle spielen die Figuren jeweils?
- Worin sind sich die Figuren ähnlich, worin unterscheiden sie sich?
- Wie sind die Einstellungen, Interessen, Absichten und Erwartungen der Figuren?

Dialog
Der Dialog bewirkt den Handlungsfortgang; im Dialog werden die Konflikte aufgebaut und die Figuren als Personen charakterisiert. Im Dialog handeln die Personen sprachlich, indem sie fragen, antworten, bitten, befehlen, bezweifeln, warnen, verschweigen, ermuntern, verheimlichen, verlangen. Mögliche Fragestellungen:
- Welche Beweggründe haben die Redenden, welche Interessen verfolgen sie?
- In welcher Gesprächssituation (Ort/Zeit) befinden sich die Redenden?
- Wie ist die Beziehung zwischen den Redenden? (komplementär/symmetrisch; gelungener/misslungener Dialog; aktives/passives Gesprächsverhalten)
- Welche sprachlichen Eigentümlichkeiten im Redestil fallen auf? (Dialekt? Alltagssprache? Ausdrucksschwierigkeiten? ...)
- Welche Einstellungen und Ansichten zeigen die Personen im Gespräch? (Menschenbild, Wirklichkeitsverständnis, Moralvorstellungen)

Monolog
Selbstgespräch, in dem sich die Figur aus den Beziehungen zu anderen Figuren löst und für sich und mit sich selbst spricht und dabei individuelle Gefühle und Einstellungen preisgibt

Handlung und Konflikt
Hier muss unterschieden werden
- zwischen dem **geschlossenen (traditionellen), symmetrisch gefügten Drama**; dabei orientiert sich der Handlungsaufbau, in dem es in der Regel einen zentralen Konflikt gibt, an einer strengen pyramidalen Form mit dichter Handlungsverknüpfung und den strengen Kunstformen des Dialogs und Monologs;
- und dem **offenen Drama**, in dem es oft verschiedene Handlungsstränge und eine Vielfalt von Szenen und unterschiedlichen Ausdruckssystemen mit sozialen und regionalen Färbungen der Sprache, körpersprachlichen Formen und einer Auflösung der strengen Dialog- und Monologformen gibt.

Zeit
Hier sind zwei Bedeutungsebenen zu unterscheiden:
- chronologische Gesichtspunkte, z. B. Verhältnis von realer Spielzeit und fiktiv gespielter Zeit, Vorausdeutungen, Rückgriffe,
- Grundkategorien wie Tag, Nacht, Jahreszeit, Lebensalter, historische Zeit/Epoche.

Raum
Die Gestaltung des Raumes bildet für die Figuren und ihre Schauspieler das Aktionsfeld. Zusätzlich gibt es eine Raumkonzeption, die, bedingt durch die Darstellungsabsicht, einen Welt- und Wirklichkeitszusammenhang verdeutlicht. So kann der Raum auch zu einem symbolhaft erfahrbaren Raum werden. Dem geschlossenen Drama mit einer Begrenzung von Raum, Zeit und Handlung steht das offene Drama mit einer möglicherweise großen Zahl von Orten, Zeitpunkten, Handlungselementen gegenüber.

Fachbegriffe zur Analyse von Sachtexten

Die folgenden Fachbegriffe und Leitfragen sind als allgemeine Kriterien zu verstehen, die auf alle Sachtexte zutreffen können. Bei der Analyse eines bestimmten Sachtextes kommt daher jeweils nur ein bestimmter Teil der Fachbegriffe/Leitfragen infrage.

Arten von Sachtexten

- Kontinuierliche Texte
  - informierende, darstellende Texte
  - Ausdruckstexte: es geht um persönliche Eindrücke, Gefühle, Überzeugungen
  - kommentierende und argumentierende Texte: es geht um gedankliche Auseinandersetzung
  - argumentative Texte: sie fordern zu einem bestimmten Verhalten auf
  - normierende Texte: sie sollen den Leser zum Einhalten von Regeln veranlassen
- Diskontinuierliche Texte
  Statistik, Diagramm, Schaubild, Schemazeichnung, Formular, Anzeige, Fahrplan, Bild/Grafik

Fachbegriffe und Leitfragen

I. Produktion

1. Herkunft des Textes:
Wer hat den Text geschrieben? Wo ist er zu finden? In welcher Zeit, zu welchem Anlass und unter welchen Umständen ist er entstanden oder verbreitet worden?

2. Absicht des Autors:
Welchen Zweck verfolgt der Verfasser? Wird das Ziel ausdrücklich formuliert? Erscheint es nur zwischen den Zeilen?

Stimmt die ausdrücklich genannte Intention mit der unausgesprochenen überein?

3. Bestimmung der Textsorte:
Handelt es sich um einen informierenden, kommentierenden, appellativen oder normativen Text? Welche Textsorte innerhalb der genannten Abgrenzungen liegt vor? Welche inhaltlichen, sprachlich-stilistischen und formalen Kennzeichen deuten darauf hin?

II. Inhalt

4. Erfassung des Themas:
Welcher Sachverhalt oder welches Problem wird behandelt? Kommt das Thema im Titel oder Untertitel in vollem Umfang zum Ausdruck? An welcher Stelle im Text wird es genau formuliert?

5. Untersuchung des Aufbaus:
In welche übergreifenden Abschnitte lässt sich der Text gliedern? Wie wird der Sachverhalt strukturiert? Wie verläuft die Gedankenfolge? Welche Überschriften eignen sich für die einzelnen Teile? Lässt sich der Aufbau in einer schematischen Skizze verdeutlichen?

6. Beschreibung des Verfahrens:
Gibt der Verfasser Tatsachen wieder, stellt er Thesen auf oder formuliert er Fragen? Enthält der Text Wertungen?
Welche Argumente bringt der Verfasser zur Erhärtung seiner Aussagen? Aus welchen Bereichen stammen seine Beispiele? Wo werden Zitate eingebaut?
Geht der Autor deduktiv oder induktiv vor? Ist der Text dialektisch entworfen?

III. Form (Sprache und Stil)

7. Semantischer Bereich:
Welchen Wortschatz wählt der Verfasser? Achten Sie vor allem auf die Verwendung von Fach- und Fremdwörtern, auf das Vorherrschen bestimmter Wortarten und auf die Wahl der Personalpronomina.

8. Syntaktischer Bereich:
Welcher Satzbau wird bevorzugt? Achten Sie besonders auf die Häufigkeit von Aussage-, Frage- und Ausrufesätzen, auf das Vorkommen hypotaktischer und parataktischer Konstruktionen.

9. Rhetorisch-poetischer Bereich:
Welche rhetorischen oder poetischen Mittel verwendet der Autor? Achten Sie auf rhetorische Figuren bzw. Tropen sowie Vergleiche, Metaphern, Bilder usw.

10. Zusammenfassung:
Wie lässt sich der Stil insgesamt beschreiben? Welche Funktion erfüllen die genannten sprachlichen und stilistischen Mittel im Textganzen? Achten Sie auf die Sprachschicht, die Verständlichkeit, die Gesamtcharakteristik (Idiolekt).

IV. Rezeption

11. Wahl des Mediums:
Stammt der Text aus einem Buch, einer Zeitschrift, einer Zeitung (Abonnement- oder Boulevardblatt)? Wurde er ursprünglich optisch oder/und akustisch vermittelt? Handelt es sich um ein Medium der individuellen oder der Massenkommunikation?

12. Wirkung des Textes:
Wendet sich der Autor an den Verstand oder an das Empfinden, an die Einsicht oder das Gewissen? Will er auf die Triebsphäre wirken und unbewusste Wünsche oder Vorstellungen wecken? Soll der Leser/Hörer zum Handeln veranlasst werden?
Stimmt die Wirkung mit der Absicht des Autors überein?

13. Bestimmung des Adressatenkreises:
An welches Publikum wendet sich der Autor aufgrund von Inhalt, Form und Sprache? Spricht er mehr ein Individuum, eine Gruppe oder ein massenhaftes Publikum an? Ist die angesprochene Zielgruppe identisch mit der tatsächlich erreichten?

V. Übergeordnete Gesichtspunkte

14. Einordnung des Textes:
Welchen Stellenwert hat der Text im Publikationszusammenhang, im Werk des Verfassers, in Bezug auf eine bestimmte Problematik oder Textsorte? Lässt er sich einer geistigen Strömung oder Epoche zuordnen? Kennen Sie ähnliche oder entgegengesetzte Texte, Standpunkte, Wirkungen?

15. Stellungnahme zum Text:
Erfüllt der Text seinen Zweck? Entspricht er den Erwartungen der angesprochenen Leser/Hörer? Wie ist er nach logischen, ethischen und ästhetischen Gesichtspunkten zu beurteilen? Wie lassen sich kontroverse Einstellungen begründen? Kann man das Problem durch ein Für oder Wider entscheiden? Ist eine weitere Differenzierung (Berücksichtigung bestimmter Voraussetzungen) notwendig? Wie lautet Ihr persönliches Urteil?

Zentrale Prüfungsaufgaben und Operatoren (Arbeitsaufträge)

Die Anforderungen für das Abitur sind durch drei Anforderungs- bzw. Niveaubereiche gekennzeichnet. Sowohl die Aufgabenstellungen für die schriftliche Abiturprüfung als auch deren Beurteilungskriterien sind auf diese Niveaubereiche bezogen:

I. Reproduktion: Wiedergabe von Faktenwissen; Kenntnis von Fachbegriffen (Beispiele: Inhalt knapp wiedergeben; Wissen zusammenfassen)

II. Reorganisation: Anwendung des Gelernten auf vergleichbare neue Zusammenhänge, Texte und Methoden (Beispiele: Zusammenhänge beschreiben; einen Text unter bestimmten Gesichtspunkten untersuchen; Auffälligkeiten herausstellen; Text unter bestimmten Gesichtspunkten gliedern; zu einer bestimmten Frage Hintergrundwissen einbeziehen)

III. Transfer und Evaluation: Schlüsse ziehen, Übertragung auf aktuelle Situationen, kritische Beurteilung; Methodenreflexion (Beispiele: Aussagen eines Textes auf andere Sachverhalte übertragen; unterschiedliche Aspekte vergleichend abwägen; Wertungen mit fachspezifischen Begründungen versehen; Textauffälligkeiten und Textmerkmale deuten)

Operatoren	Anforderungsbereich	Beispiel
analysieren/interpretieren	I, II, III	Literarischer Text: Analysieren (interpretieren) Sie den folgenden Romanausschnitt unter Berücksichtigung seiner Gestaltungsmittel. Sachtext: Analysieren Sie den Text unter besonderer Berücksichtigung seiner Argumentationsweise.
erörtern	I, II, III	Erörtern Sie Argumentationsansatz und Argumentationsaufbau des Textes.
darstellen	I, II	Stellen Sie die wesentlichen Elemente der Dramentheorie Dürrenmatts dar./ Stellen Sie die Argumentationsstrategie des Verfassers dar.
(be)nennen	I	Nennen Sie die wesentlichen rhetorischen Mittel.
beschreiben	I	Beschreiben Sie den Aufbau des Gedichts.
wiedergeben	I	Geben Sie den Inhalt des Textes in knapper Form wieder.
zusammenfassen	I	Fassen Sie die Ergebnisse Ihrer Untersuchung zusammen.
einordnen	II	Ordnen Sie die vorliegende Szene in den Handlungszusammenhang des Dramas ein.
erklären	II	Erklären Sie das Kommunikationsmodell von Karl Bühler.
erläutern	II	Erläutern Sie den Interpretationsansatz mithilfe von Beispielen.
in Beziehung setzen	II	Setzen Sie Nathans Einstellung in Beziehung zur Philosophie der Aufklärung.
erschließen	II	Erschließen Sie aus den ersten beiden Abschnitten die Intention des Textes.
vergleichen	II	Vergleichen Sie die Positionen von Protagonist und Antagonist.
sich auseinandersetzen	III	Setzen Sie sich mit der dramentheoretischen Position des Verfassers auseinander.
begründen	III	... begründen Sie Ihre Auffassung.
beurteilen	III	Beurteilen Sie die beiden Fassungen des Gedichts.
bewerten	III	Bewerten Sie die Handlungsweise des Protagonisten in der Schlussszene.
entwerfen	III	Entwerfen Sie für die Kurzgeschichte einen anderen Schluss und vergleichen Sie mit dem Original.
gestalten	III	Gestalten Sie eine Parallelszene.
(kritisch) Stellung nehmen	III	Nehmen Sie in kritischer Weise zu der Auffassung des Verfassers Stellung.
(über)prüfen	III	Überprüfen Sie Ihre Interpretationsmethode auf der Grundlage Ihres eigenen Textverständnisses.

Textquellenverzeichnis

Bichsel, Peter: San Salvador.
Aus: Ders.: Eigentlich möchte Frau Blum den Milchmann kennenlernen, Walter Verlag, Olten 1964 **36/38**

Brecht, Bertolt: Fragen eines lesenden Arbeiters.
Aus: Ders.: Gesammelte Gedichte, Bd. 2, Suhrkamp Verlag, Frankfurt/M. 1967, S. 656 **91**

Brüder Grimm: Sterntaler.
Aus: Die Märchen der Gebrüder Grimm. Vollständige Ausgabe, Verlag neues Leben, Berlin ^{6}1990, S. 612 f. **64**

Büchner, Georg: Woyzeck (Auszug, „Märchen der Großmutter"), Schöningh Verlag, Paderborn 1999, S. 23 f. **64**

Enzensberger, Hans Magnus: konjunktur.
Aus: Ders.: Verteidigung der Wölfe, Suhrkamp Verlag, Frankfurt/M. 1957 **44**

Glück, Helmut: Sprachentwicklung in der modernen Mediengesellschaft.
Aus: Deutschland global. Neue Medien – Herausforderungen für die deutsche Sprache, Verlag DuMont, Köln 2000, S. 108 ff. **84**

Grass, Günter: Die Blechtrommel (Auszug), Luchterhand Verlag, Neuwied 1959, © Steidl Verlag **23**

Kafka, Franz: Der Kübelreiter.
Aus: Ders.: Erzählungen, Fischer Verlag, Frankfurt/M. 1976 **57**

Kleist, Heinrich von: Das Bettelweib von Locarno.
Aus: Ders.: Sämtliche Werke und Briefe, hg. von Helmut Sembdner, 2 Bde, Hauser Verlag, München 1993 **25**

Kleist, Heinrich von: Michael Kohlhaas (Auszug), Reclam Verlag, Stuttgart 1949 **23**

Krolow, Karl: Robinson I.
Aus: Ders.: Gesammelte Gedichte, Suhrkamp Verlag, Frankfurt/M. 1965, S. 209 f. **73**

Reinig, Christa: Robinson.
Aus: Dies.: Sämtliche Gedichte, Eremiten-Presse, Düsseldorf 1984 **73**

Scheitler, Irmgard: Erzähltheorie der Gegenwartsprosa.
Aus: Dies.: Erzähltheorie der Gegenwartsprosa. Deutschsprachige Gegenwartsprosa seit 1970, A. Francke Verlag, Tübingen/Basel 2001, S. 9 f. **5**

Schneider, Wolf: Die Sprache verändert sich – was sollen die alten Normen?
Aus: Ders.: Deutsch! Das Handbuch für attraktive Texte, Rowohlt Verlag, Reinbek bei Hamburg 2005, S. 43 ff. **9**

Stanzel, Franz K.: Erzählsituationen.
Aus: Ders.: Typische Erzählsituationen. In: Typische Formen des Romans, Vandenhoeck und Ruprecht, Göttingen 1993 **21**

Storm, Theodor: Viola tricolor.
Aus: Theodor Storm. Am grauen Meer. Gesammelte Werke, hg. von Rolf Hochhuth, Bertelsmann Verlag, Gütersloh o. J. **23**

Walser, Martin: Die Rolle des Lesers von literarischen Texten.
Aus: Vormittag eines Schriftstellers, Suhrkamp Verlag, Frankfurt/M. 1994 **49**

Wohmann, Gabriele: Ein netter Kerl.
Aus: Dies.: Habgier. Erzählungen, Piper Verlag, München 1993, S. 68 ff. **31**

Bildquellenverzeichnis

action press/Axel Kirchhof: S. 85; © Christopher Adolph/vario-press: S. 11; Archiv für Kunst und Geschichte, Berlin: S. 68; bpk, Berlin: S. 62; Mit freundlicher Genehmigung der BSR Berliner Stadtreinigungsbetriebe und der Heymann Schnell Werbeagentur AG: S. 88; dpa: S. 45; dpa-Fotoreport: S. 51; Werner Herzog Film/Cinetext: S. 69; Reinhild Kassing/Verlagsarchiv Schöningh: S. 36; © picture-alliance/akg-images: S. 23 (o.); © picture-alliance/dpa: S. 9; Günter Schlottmann, Paderborn/Verlagsarchiv Schöningh: S. 29, S. 40; Steidl Verlag Göttingen 1993: S. 23 (u.); Veronika Wypior/Verlagsarchiv Schöningh: S. 26; © ZB-Fotoreport/Hubert Link/dpa: S. 75; alle weiteren Abbildungen: Verlagsarchiv Schöningh

Sollte trotz aller Bemühungen um korrekte Urheberangaben ein Irrtum unterlaufen sein, bitten wir darum, sich mit dem Verlag in Verbindung zu setzen, damit wir eventuell notwendige Korrekturen vornehmen können.